現代日本語訳

浄土三部経

正木　晃

春秋社

はじめに

本書は、仏教についての予備知識がまったくなくても、読めばすぐに理解できる「浄土三部経」の現代語訳です。原典は漢訳本です。その理由は、なにより日本の仏教は、漢訳本を読み、理解することで、成り立ってきたからです。

『無量寿経』と『阿弥陀経』と『観無量寿経』を一括して「浄土三部経」と初めて称したのは、浄土宗の開祖として知られる法然（一一三三～一二一二）です。いいかえると、法然以前には「浄土三部経」という括りはなかったのです。生前に阿弥陀仏を崇め、死後に阿弥陀仏がおられる極楽浄土への往生を願う浄土信仰あるいは浄土教は、インドで芽生え、中国で大成されました。日本の浄土信仰は中国の浄土信仰から多大の影響を受けて成立しましたが、法然の登場以降、中国の浄土信仰とは別の道を歩み始めました。その一端が「浄土三部経」という呼称にあらわれています。

「浄土三部経」は、これまですでに複数の現代語訳が出版されてきました。代表的な例をあげれば、岩波文庫版（中村元・早島鏡正・紀野一義訳註）、中公文庫版（山口益・桜部建・森三樹三郎訳）、角川ソフィア文庫版（大角修訳・解説）です。そのほか、「浄土三部経」を聖典とあおぐ浄土宗や浄土真宗の研究所などからも出版されています。いずれもすぐれた訳業です。本書でも随分と参考にしています。

ただし、これらの現代語訳にはほぼ共通する難点があります。その一つは、難解な言葉や専門用語が訳文の中に、いわば野放しにされていることです。ですから、意味を知ろうとすると、どこか別の頁にある註釈を読まなければなりません。さらに、その註釈がまた難しくて、理解に苦しみます。こんなことを繰り返しているうちに、読むのが嫌になってしまいがちです。

大乗仏典の特徴は、高い文学性にあるとよく指摘されます。つまり、経典の最初から最後まで、一貫した物語として、すらすらと読まれるべきなのです。この点は「浄土三部経」も同じというより、他の経典にもまして物語としての性格が濃いので、特に強く望まれます。それなのに、難解な言葉や専門用語や註釈のせいで、せっかくのすばらしい物語が切り刻まれてしまっています。これはじつに残念です。

そこで、本書では、註釈なしで、全文を読み通せるように工夫しました。具体的にいうと、註釈が必要な箇所には、その註釈をごく自然なかたちで抵抗なく読めるように、訳文の中に組み込んでいます。そのため、逐語訳といって、原文をそのまま訳した版に比べると、文章の量がかなり増えています。この対処法には賛否があるでしょうが、わたしはこの対処法が、歴史をはるかさかのぼる時代に成立した仏典を、現代人に読んで理解していただくためには、絶対に必要と考えています。

巻末には、学術研究の分野で、現時点までに解明されている経典の成立過程や信仰の実態について、さまざまな視点から、相当に詳しく解説しています。

日本仏教の歴史を振り返るとき、浄土信仰の重要性は、ライヴァルともいうべき法華経信仰とともに、圧倒的です。ところが、生まれ故郷のインド仏教では、浄土信仰も法華経信仰もともに微弱でした。極端な落差は、なぜ生じたのか。この課題は、わたしたちの関心をひかざるを得ません。

したがって、解説の部分では、最新の情報を、可能な限り、集めています。信仰を論じると、どうしても熱くなってしまう傾向が否めません。しかし、インドと中国と日本の浄土信仰を、冷静かつ客観的に比較し検討することで、日本における浄土信仰の本質が、おのずから浮かび上がってくると確信しています。おそらく大学院で学ぶくらいの高度な内容ですが、できるだけわかりやすく記述したつもりですので、少しずつでけっこうですから、お読みください。

訳語や訳文の選択にあたっては、横浜市旭区にある高明寺住職の三木悟さんにご協力いただいたことを記しておきます。本当にありがとうございました。

前著の『「空」論』や『「ほとけ」論』にひきつづき、編集を担当していただいた豊嶋悠吾さんには、性懲りもなく、またまた厄介きわまりない作業をお願いしてしまいました。今回も豊嶋さんの豊かで確かな学識があって、初めて本書の出版が実現しました。月並みですが、ありがとうございました、という言葉のほかに、感謝の言葉も見つかりません。
そして、ウクライナ戦争をはじめ、少なくともここ半世紀はなかった危機的な社会情勢のさなかに、しかも出版不況のつづくさなかに、本書のような「硬い本」を出版していただいた春秋社の神田明社長に、あつく御礼申し上げます。

正木晃

二〇二二年九月二三日

現代日本語訳　浄土三部経　目次

現代日本語訳　浄土三部経

第Ⅰ部　無量寿経全訳

〔巻の上〕

1 序説

（1）説法の場に集まった方々

わたしはこのように聞いたのです。

無限の時間のなかのあるとき、釈迦牟尼仏《しゃかむにぶつ》はマガダ国の首都である王舎城《おうしゃじょう》の北東の郊外にそびえる耆闍崛山《ぎじゃくっせん》、すなわち霊鷲山《りょうじゅせん》に滞在しておられました。釈迦牟尼仏のおそばには、一万二千人の出家僧がひかえていました。これらの聖者たちはみな、悟りを得た結果、さまざまな神通力を獲得していました。

その名をあげてみましょう。

釈迦牟尼が出家するにあたり、父の浄飯《じょうぼん》王（シュッドダーナ）の命令により同行し、のちには釈迦牟尼の説法を聞いて、最初の弟子となった五人の比丘がいました。すなわち、了本際《りょうほんざい》（阿若多憍陳如／アージュニャータ・カウンディニヤ）尊者、正願《しょうがん》（馬勝／アユヴァジット）尊者、正語《しょうご》（婆沙波／バーシュパ）尊者、大号《だいごう》（摩訶那摩／マハー・ナーマン）尊者、同じく仁賢《にんげん》（跋多婆／バドラジット）尊者です。

釈迦牟尼の説法を聞いて、いま名をあげた五人の比丘に次いで弟子となったバラモン出身の五人の比丘がいました。すなわち、離垢《りく》（毘摩羅／ヴィマラ）尊者、名聞《みょうもん》（耶舎／ヤショーデーヴァ）尊者、善実《ぜんじつ》（蘇婆呼／スバーフ）尊者、具足《ぐそく》（富蘭那迦／プールナ）尊者、牛王《ごおう》（憍梵波提／ガヴァーンパティー）尊者です。

同じ迦葉《かしょう》（カーシャパ）を名乗る三兄弟の弟子がいました。この三兄弟はもともと事火外道、つまり火の神であるアグニを祀る宗教の指導者であり、おのおの百人単位の弟子たちをひきいて釈迦牟尼の弟子となったという経歴の持ち主でした。その名は、優楼頻羸《うるびんら》迦葉（ウルヴィルヴァー・カーシャパ）尊者、伽耶《がや》迦葉（ガヤー・カーシャパ）尊者、那提《なだい》迦葉（ナディー・カーシャパ）尊者です。

のちに釈迦牟尼が涅槃《ねはん》に入ったとき、その葬儀一切をとり仕切り、実質的に後継者となった大迦葉（マハー・カーシャパ）尊者もいました。

仏弟子のなかで「智恵第一」といわれた舎利弗《しゃりほつ》（シャーリプトラ）尊者もいました。

仏弟子のなかで「神通第一」といわれた大目犍連《だいもっけんれん》（マハー・マウドガリヤーヤナ）尊者もいました。

仏弟子のなかで「知星宿（天文や暦数にまつわる知識）第一」といわれた劫賓那《こうひんな》（カッピナ）尊者もいました。

仏弟子のなかで「問答第一」といわれた大住《だいじゅう》（摩訶拘絺羅／マハー・カウシュティラ）尊者もいました。

仏弟子のなかで「論議第一」といわれた大浄志《だいじょうし》（摩訶迦旃延／マハー・カートヤーヤナ）尊者もい

ました。

仏弟子のなかで最後に釈迦牟尼におつかえした摩訶周那《まかしゅな》（純陀／マハー・チュンダ）尊者もいました。

仏弟子のなかで「説法第一」といわれた満願子《まんがんじ》（富樓那／プールナ・マイトラーヤニー・プトラ）尊者もいました。

仏弟子のなかで「天眼《てんげん》（肉眼では見えない対象を見通す力）第一」といわれた離障《りしょう》（阿泥樓駄／アニルッダ）尊者もいました。

舎利弗尊者の弟の流灌《るかん》（離婆多／レーヴァタ）尊者もいました。

釈迦族出身の堅伏《けんぷく》（緊鼻哩／キンビラ）尊者もいました。

仏弟子のなかで「粗衣第一」といわれた面王《めんのう》（摩訶羅倪／アモーガラージャ）尊者もいました。

祇園精舎《ぎおんしょうじゃ》で釈迦牟尼の説法を聞き、出家した異乗《いじょう》（摩訶波羅延／パーラーヤニカ）尊者もいました。

黙想を好んだことで知られた仁性《にんしょう》（婆拘羅／ヴァックラ）尊者もいました。

出家する前は牛飼いだった嘉楽《からく》（難陀／ナンダ）尊者もいました。

出家する前は釈迦牟尼の侍者だった善来《ぜんらい》（蔡揭／スヴァーガタ）尊者もいました。

釈迦牟尼の実子として生まれた羅云《らうん》（羅睺羅／ラーフラ）尊者もいました。

釈迦牟尼の従兄弟で、もっとも長くお仕えし、仏弟子のなかで「多聞第一」といわれた阿難《あなん》（歓喜／アーナンダ）尊者もいました。

　以上にあげた方々はみな、教団の指導的な立場にありました。

　また、大乗仏教の菩薩たちも、釈迦牟尼のおそばにひかえていました。

　その名をあげてみましょう。

　慈悲の実践者であり、修行をつかさどる普賢《ふげん》菩薩。智恵をつかさどる妙徳《みょうとく》菩薩（文殊《もんじゅ》菩薩）。未来の仏陀を約束されている慈氏《じし》菩薩（弥勒《みろく》菩薩）。これらの菩薩をはじめ、現在の時空間（賢劫《げんごう》）に出現するありとあらゆる菩薩たちが、そこにいました。

　また、賢護《げんご》菩薩をはじめ、この娑婆《しゃば》世界で活動している十六人の正士《しょうじ》（菩薩《ぼさつ》）たちも、そこにいました。

　この娑婆世界以外の世界で活動している菩薩たちも、そこにいました。その名をあげてみましょう。善思議《ぜんしぎ》菩薩、信慧《しんね》菩薩、空無《くうむ》菩薩、神通華《じんずうけ》菩薩、光英《こうよう》菩薩、慧上《えじょう》菩薩、智幢《ちどう》菩薩、寂根《じゃくこん》菩薩、願慧《がんね》菩薩、香象《こうぞう》菩薩、宝英《ほうよう》菩薩、中住《ちゅうじゅう》菩薩、制行《せいぎょう》菩薩、解脱《げだつ》菩薩です。

　以上にあげた菩薩たちはみな、普賢菩薩が実践する慈悲行の徳にならって、菩薩として実践すべきさまざまな修行と、同じく菩薩として実践すべきさまざまな誓願を、ともに満たした結果、ありとあらゆる功徳を体現した境地にいます。

　それだけではありません。全宇宙のいたるところを自在に訪れては、生きとし生けるものすべてを教えさとして救うために、すこぶる実際的な手段を講じているのです。

あるいは、仏の教えにみちびかれて、悟りの境地を実現しています。さらに、全宇宙のいたるところで、最高の真理を体得しています。

以上に述べたことをもう少し具体的に説明しましょう。

第一に、これらの菩薩たちは、欲界六天の下から四番目にある兜率《とそつ》天において正法を広め、次の生では必ず仏となる菩薩となり、そののち兜率天の住み心地の良い宮殿を捨てて、霊魂を人間の女性の子宮に降ろしました。

第二に、女性の右脇から生まれ出て、七歩、あゆみました。そのとき、まばゆい光が放たれて、全空間を照らし出しました。また、ありとあらゆる仏国土が、六種類の震動を起こしました。ついで、菩薩はこう声を上げました。「わたしはこの娑婆世界において、至高至上の存在となるだろう」。インド神界軍事部門の最高司令官である帝釈天《たいしゃくてん》（インドラ）と全宇宙の主である梵天《ぼんてん》（ブラフマン）が、そのお方を守護しました。神々も人々も、そのお方をあつく尊敬し、帰依しました。

第三に、数学、文芸、弓射、馬術を習得し、学問にとりくみ、あまたの書物に目を通しました。宮廷の後ろにある広場で、武芸に励みました。宮廷のなかでは、食欲と性欲を思うさま満たしました。

第四に、人間が老いて、病にかかり、死んでいくさまを見て、世の無常をさとり、母国と財産と地位を捨てて、山に分け入り、いかに生きるべきかを学びました。そこまで乗ってきた白馬と宝冠と装飾品の数々をみな、御者にあたえてしまい、宮廷に帰るように命じました。最高級の衣服を捨てて、出家者が身にまとう衣服に着替え、ひげと頭髪を剃り落とし、樹木の下で瞑想修行につとめました。苦しい修行を続けること六年、出家者が体験する修行をひととおり、終えたのでした。

第五に、五濁《ごじょく》、すなわち天災や戦乱などの社会の汚れ、邪悪な教えや見解が流布する思想上の汚れ、さまざまな悪徳に象徴される精神上の汚れ、人々の心身の質がともに弱体化し低下する汚れ、人々の寿命が短くなる汚れ、といった五つの汚れにまみれた国土に生まれついて、この世の生きとし生けるものたちと同じように暮らしてきたために、自分の身も汚れてしまっていると気付き、尼《に》連禅河《れんぜんが》の清らかな流れで、身を清めたのでした。

そのとき、神々が樹木の枝を下の方へたわめてくれたので、それをつたって、菩薩は身を清めていた水たまりから、岸に上がることができました。霊鳥が菩薩の左右にしたがい、菩提樹のもとの悟りの座へとみちびきました。天上界の吉祥《きっしょう》童子が、これから菩薩が悟りを開くという奇瑞を予知して、草をささげて、その悟りをほめたたえました。菩薩は吉祥童子からささげられた草をうけとり、菩提樹のもとに敷きつめ、その上に結跏趺坐《けっかふざ》しました。

そして、大いなる光明を放って、魔王に、いままさに成道《じょうどう》することを知らしめました。すると、魔王は配下の者どもをひきつれて、菩薩にせまり、成道をさまたげようと試みました。菩薩は魔王どもを制圧するのに、もっぱら智恵の力をもちい、ことごとく降伏させたのでした。

第六に、菩薩はたとえようもなくすばらしい真理を得て、最高の悟りを開いたのです。第七に、帝釈天と梵天が、いまや仏となった菩薩に、真理の法をおひろめくださいと懇願しました。そこで、仏はそこかしこに歩いて行き、みずからの口で法を説きはじめたのでした。そのようすは、あたかも太鼓を叩き鳴らし、法螺貝《ほらがい》を吹き鳴らし、真理の剣をうちかざし、真理の旗を立て、真理の雷をとどろかせ、真理の電光を光らせ、真理の慈雨を降らせ、真理を説き聞かせるようでありました。こうしてつねに、真理を語る言葉で、世の中の人々を、迷いから救い、悟りへとみちびいたのでした。

この仏から放たれる光明は、数限りない仏国土を明るく照らし出しました。そのために、ありとあらゆる仏国土は、六種類の震動を起こしました。なぜ、震動を起こしたのかというと、魔界にあるすべての魔王の宮殿を崩壊させるためなのです。そうすれば、どんな魔であろうとも、みな恐れおののいて、仏教に帰依せざるを得なくなります。

邪悪な教えや思想をこなごなに砕き、誤った見解を削除し、もろもろの煩悩をあとかたもなく消し去り、欲望の塹壕《ざんごう》を破壊し、真理の城を守りとおします。真理の門を開け放って、世の中の汚濁を洗濯し、清らかで汚れのまったくない状態にします。仏法を輝かせて、誤った考えの持ち主たちをその光の中に融け込ませ、正しい教えをひろめます。国中を托鉢《たくはつ》してまわり、美味な食物をもろもろ布施《ふせ》され、そうすることで人々に功徳を積む機会をあたえ、のちにその功徳のおかげで福徳を得られるように仕向けます。

真理を語る際は、いかにも楽しげに語り、さまざまな手立てを講じて、病などを原因とする心身両面の苦しみ、愛憎にまつわる苦しみ、世の無常を感じざるを得ない苦しみという、三つの苦しみから、人々を救い出します。悟りを求める心が無限大の功徳を生むことを明らかにし、菩薩に対しては「あなたは必ず仏となるだろう」と予言し、最高の悟りを成就させます。

第八に、涅槃《ねはん》に入ったように見せて、じつは生きとし生けるものすべてを救済しつづけ、もろもろの煩悩を消滅にみちびき、悟りという果実をもたらす本となる徳行をもろもろ植え付け、あらゆる功徳を積ませることにおいて、あまりに素晴らしすぎて、もはや語る言葉すらありません。

ついで、これらの菩薩たちは、さまざまな仏国土を訪れて、あまねく仏道の教えを実践しました。そのおこないはことごとく清らかで、なんの汚れもありませんでした。それをたとえていうなら、幻術士が男性や女性のすがたに変身するのと、なんら変わりません。幻術の書物にしたためられているとおりに、思うがまま自由自在にできるのです。

これらの菩薩たちも、同じです。ありとあらゆる真理を学び、それをよく咀嚼《そしゃく》して、鍛練《たんれん》をかさね、自分自身で十分に納得したうえで、人々をみな教えさとすのです。数限りない仏国土すべてに、すがたをあらわして、人々を教えさとすのです。高慢になることなど絶対になく、つねに生きとし生けるものを哀れみ、いたむのです。菩薩たちはこのようなすべをことごとく、身につけています。経典に説かれた大切な教えを、最高の次元で理解しています。その名を知らぬ者も誉めたたえぬ者もなく、全宇宙を悟りに向かってみちびいていきます。ありとあらゆる仏たちが、そのような菩薩の活動を、見守っています。菩薩たちは、仏として体験すべき境地をすべて体験し、仏としてなすべき修行をすべて成し遂げています。

如来の教えは、すべての仏国土にひろめられています。その教えは、もろもろの菩薩たちにとっては、最高の師となり、深遠な瞑想修行とそれによって得られる究極の智恵をもちいて、生きとし生けるものを悟りにみちびきます。なぜなら、その教えは、この世に存在するありとあらゆる事象の本性を正しく把握し、生きとし生けるものすべてのありようを正しく把握し、もろもろの仏国土の様相を正しく把握しているからです。また、菩薩たちは、もろもろの仏たちを最高に快適な状態にしてさしあげるためであれば、あたかも電光のごとく、瞬時にそのすがたをあらわすのです。

菩薩たちは、魔王が張りめぐらしている邪悪な網をぼろぼろに切り裂いて、生きとし生けるものを、煩悩によってがんじがらめにされている状態から解き放ちます。自分自身の救いだけを求める声聞《しょうもん》や師なしに悟りを開こうとする縁覚《えんがく》の境地を超越して、この世のありとあらゆる存在は実体がないと見抜く空《くう》の境地、この世のありとあらゆる存在は仏の眼から見ればみな平等でなんら差別がないと見抜く無相《むそう》の境地、救われたいとか悟りを開きたいという願いをすべて捨て去ってしまう無願《むがん》の境地を、三つとも成就しています。

菩薩たちは、巧みな手段を駆使して、声聞乗、縁覚乗、菩薩乗について、おのおのの違いを明らかにしめします。このうちの中位と下位の乗、つまり縁覚乗と声聞乗では、死の相を説きますが、それは真実ではありません。菩薩乗においては、死そのものも死すべき心身も存在しないのです。この世のありとあらゆる存在は、生じもせず、滅しもせず、わたしとわたし以外のものという区別も、あれとこれという区別もない、という真理を菩薩たちは体得しているのです。

菩薩たちは、無限大の記憶をたもつ能力を得ています。また、百千もの瞑想を体験し、人々がもって生まれた資質や能力を的確に見抜く智恵を、ことごとく獲得しています。普賢《ふげん》菩薩が成就されたという、広普寂定《こうふじゃくじょう》もしくは仏の華厳三昧《けごんざんまい》とよばれる瞑想の境地に入って、深遠な菩薩の教えを体得し、ありとあらゆる経典をひろめ、説きあかします。深い瞑想状態に入り、一瞬のうちに、現時点で存在するすべての仏たちのおすがたを、漏れなく目の当たりにします。

地獄界と餓鬼《がき》界と畜生《ちくしょう》界の三つの悪しき境涯にある者たち、この三つの悪しき境涯以外に仏にお会いすることも仏の教えを聞くこともできない悪しき境涯にある者たち、あるいは仏道修行に専念できない悪しき境涯にある者たちを、みな救うために、菩薩たちは究極の真理を、熟慮のうえで、説きあかします。そのとき、菩薩たちは、如来しかもちえない弁舌の能力、つまり法無礙智《ほうむげち》とよばれる言語や文章に精通する能力、義無礙智とよばれる言葉の意味に精通する能力、辞無礙智とよばれるあらゆる言語に精通する能力、業《ごう》無礙智とよばれる言語を自在に駆使する能力という、四つの能力を獲得し、その国や地方の言葉で、仏の教えをことごとく説きあかすのです。

菩薩たちは、迷いの世界にあらわれているありとあらゆる事象を超越しています。その心は、まちがいなくつねに、悟りへと至る道にあります。どのような事態に遭遇しても、思いどおりに活動します。もろもろの生きとし生けるもののために、請われなくても親友となり、生きとし生けるものをその両肩に背負って、悟りへと運んでいきます。

菩薩たちは、如来の深遠きわまりない教えをかたく信じ、生きとし生けるものが生まれつきもっている成仏の可能性を守り育てて、その可能性が断絶しないようにつねに心掛けています。大いなる慈悲の心を奮い立たせて、生きとし生けるものをあわれみ、慈悲の心から発せられる言葉を投げかけ、真理を把握する智恵の眼をさずけます。地獄界と餓鬼界と畜生界という三つの悪しき境涯に、生きとし生けるものが堕ちないようにつとめ、悟りへと至る門を開きます。

菩薩たちが、請われてもいないのに、仏の真理の教えを、生きとし生けるものに施すのは、純粋な孝行の心をもつ子どもが、その父母を愛し慈しむのと、なんら変わりません。もろもろの生きとし生けるものに向ける眼差しは、自分自身に向ける眼差しと、まったく同じです。生きとし生けるものの行為に、少しでも善いところがあれば、それをよすがとして、悟りの世界へとみちびきます。そして、だれひとりとして漏れなく、もろもろの仏たちがもつ無限大の功徳と最高の聖なる智恵を獲得させるのです。これらの働きについては、もはや想像することすら、できません。

このような偉大な菩薩たちが、釈迦牟尼仏の説法の場に、数えきれないくらいたくさん、時を同じくして、集まっておいでででした。

(2) 釈迦牟尼仏が五種の瑞相をあらわし、この世に出現した真意を語る

ちょうどそのとき、釈迦牟尼仏は、心身ともにとても快調であり、その容姿容貌はたとえようもなく清らかであり、そのお顔は崇高きわまりなく光り輝いていました。

阿難尊者は、釈迦牟尼仏の指示をうけて、それまで坐っていた座から立ちあがり、尊敬の心をあらわすために、右肩から衣をはずしてあらわにし、両膝をそろえてひざまずき、合掌してから、釈迦牟尼仏にこう申し上げました。

「本日、釈迦牟尼仏におかれましては、心身ともにとても快調なごようすと存じます。おすがたもたとえようもなく清らかに、お顔も崇高きわまりなく光り輝いているごようすは、ピカピカに磨き上げた鏡に映る影像が、あたかも表から裏にまで透過するかのようでございます。全身にただようご立派さといったら、比類を絶し、どんな言葉も及びません。

わたしは長年にわたりお仕えしてまいりましたが、本日のようなすばらしさは、いまだかつて拝見したことがありません。そのとおりでございます。偉大にして聖なるお方さま。わたしは心中ひそかに、こう思っております。

『本日、世にも尊き師は、特別な状態に入っておられる。本日、世にも勇猛なるお方は、如来にしか入れない境地に入っておられる。本日、世の眼目となるお方は、生きとし生けるものすべてをみちびこうとしておられる。本日、世にもすぐれた智恵をお持ちのお方は、最高の道を明らかにしよ

うとしておられる。本日、ありとあらゆる神々よりもさらに尊きお方は、如来の功徳を実践されようとしている。

このような境地におられる過去と未来と現在のもろもろの仏たちは、互いに意思を疎通させておられるはずですが、それと同じように、いまここにおられる釈迦牟尼仏もまた、もろもろの仏たちと意思を疎通なさっているはずだ。もし、そうでなければ、釈迦牟尼仏がここまですばらしい状態になるはずがない』とです」

すると、釈迦牟尼仏は阿難尊者に、こうおっしゃいました。

「阿難さん。いったいどうしたのかな。神々があなたに、釈迦牟尼仏に質問しなさいと教えたのかな。そうではなく、自分自身で考えて、なぜ、わたしがこんな立派なようすなのか、質問したのかな」

阿難尊者が釈迦牟尼仏にお答えしました。

「神々がやって来て、釈迦牟尼仏に質問しなさいと教えたのではありません。わたし自身の考えで、ご質問したのです」

釈迦牟尼仏は、こうおっしゃいました。

「それはとても良いことです。阿難さん。あなたの質問はとても良い質問です。あなたは深い智恵とまことにすぐれた弁舌の才を発揮し、生きとし生けるものをあわれむがゆえに、このように深い智恵によってしか理解できない意義を質問したのですから。

そもそも、如来という存在は、そのうえに覆いかぶせるものがない最高の大慈悲心にもとづいて、欲界と色界と無色界からなる三界の生きとし生けるものすべてを、心底からあわれんでいるのです。それゆえに、世に出現して、仏の教えをひろめ、雑草の芽吹きのごとき生きとし生けるものを、苦しみから救い出すために、真実の利益をもちいるのです。

なにしろ、如来にお会いしたり、そのすがたを拝見したりするのは、まことに希有なことなのです。それは優曇華《うどんげ》の花が、ごくごく稀に、ごくごく短い時間、開くのを眼にするのと同じく、希有なことなのです。いま、あなたが質問したことは、多くの利益を生み、ありとあらゆる神々や人々を、真理に目覚めさせるでしょう。

阿難さん。よく覚えておきなさい。如来の悟りは、想像を絶する深い智恵であり、あまたの神々や人々を悟りへとみちびきます。深い智恵にもとづく教えは、自由自在に作用して、なにものも妨げることができません。たった一度でも聞きさえすれば、億百千劫とも無数無量とも、あるいはそれ以上ともいわれるくらい、無限の寿命をもたらすのです。

心身の状態は快適であり、けっして悪化しません。容姿もまた、まったく変化しません。容貌もまた、まったく変化しません。なぜかというと、如来という存在は、瞑想とそれによって得られる智恵を、究極の次元で体得しているからなのです。さらに、どんな真理も自在に獲得できるからなのです。

阿難さん。耳を澄まして、お聞きなさい。これから、あなたのために、説こうではないか」

釈迦牟尼仏がおっしゃると、阿難尊者はこうお答えしました。

「おっしゃるとおりでございます。心の底から、お願いいたします」

2　正説

(1) 法蔵菩薩の発願と修行について

釈迦牟尼仏は阿難尊者に向かって、こうおっしゃいました。

「昔々、はるか遠い時代の、想像もできない過去世に、錠光《じょうこう》もしくは燃燈《ねんとう》という名の如来が世に出現され、数限りない生きとし生けるものを教えさとし、救いあげ、そのことごとくを悟りへみちびいてから、涅槃にお入りになった。


つぎに、光遠《こうおん》という名の如来が出現された。つぎに、月光《がっこう》という名の如来が出現された。つぎに、栴檀香《せんだんこう》という名の如来が出現された。つぎに、善山王《ぜんせんのう》という名の如来が出現された。つぎに、須弥《しゅみ》天冠《てんがん》という名の如来が出現された。つぎに、須弥等曜《しゅみとうよう》という名の如来が出現された。つぎに、月色《がっしき》という名の如来が出現された。つぎに、正念《しょうねん》という名の如来が出現された。つぎに、離垢《りく》という名の如来が出現された。つぎに、無著《むじゃく》という名の如来が出現された。つぎに、龍天《りゅうてん》という名の如来が出現された。つぎに、夜光《やこう》という名の如来が出現された。つぎに、安明頂《あんみょうちょう》という名の如来が出現された。つぎに、不動地《ふどうじ》という名の如来が出現された。つぎに、瑠璃妙華《るりみょうけ》という名の如来が出現された。つぎに、瑠璃金色《るりこんじき》という名の如来が出現された。つぎに、金蔵《こんぞう》という名の如来が出現された。つぎに、燄光《えんこう》という名の如来が出現された。つぎに、燄根《えんこん》という名の如来が出現された。つぎに、地動《じどう》という名の如来が出現された。つぎに、月像《がつぞう》という名の如来が出現された。つぎに、日《にっ》音《とん》という名の如来が出現された。つぎに、解脱華《げだっけ》という名の如来が出現された。つぎに、荘厳光《しょうごんこう》明《みょう》という名の如来が出現された。つぎに、海覚神通《かいかくじんずう》という名の如来が出現された。つぎに、水光《すいこう》という名の如来が出現された。つぎに、大香《だいこう》という名の如来が出現された。つぎに、離塵垢《りじんく》という名の如来が出現された。つぎに、捨厭意《しゃえんに》という名の如来が出現された。つぎに、宝燄《ほうえん》という名の如来が出現された。つぎに、妙頂《みょうちょう》という名の如来が出現された。つぎに、勇立《ゆうりゅう》という名の如来が出現された。つぎに、功徳持慧《くどくじえ》という名の如来が出現された。つぎに、蔽日月光《へいにちがっこう》という名の如来が出現された。つぎに、日月瑠璃光《にちがつるりこう》という名の如来が出現された。つぎに、無上瑠璃光《むじょうるりこう》という名の如来が出現された。つぎに、最上首《さいじょうしゅ》という名の如来が出現された。つぎに、菩提華《ぼだいけ》という名の如来が出現された。つぎに、月明《がつみょう》という名の如来が出現された。つぎに、日光《にっこう》という名の如来が出現された。つぎに、華色王《けしきおう》という名の如来が出現された。つぎに、水月光《すいがっこう》という名の如来が出現された。つぎに、除痴瞑《じょちみょう》という名の如来が出現された。つぎに、度蓋行《どがいぎょう》という名の如来が出現された。つぎに、浄信《じょうしん》という名の如来が出現された。つぎに、善宿《ぜんしゅく》という名の如来が出現された。つぎに、威神《いじん》という名の如来が出現された。つぎに、法慧《ほうえ》という名の如来が出現された。つぎに、鸞音《らんのん》という名の如来が出現された。つぎに、獅子音《ししおん》という名の如来が出現された。つぎに、龍音《りゅうおん》という名の如来が出現された。つぎに、処世《しょせ》という名の如来が出現された。

以上の如来たちはみな、すでに過ぎ去ってしまわれた方々です。

その時代、つぎの如来が出現された。世自在王《せじざいおう》という名で、最高の真理に到達された方（如来）であり、最高に快適な状態にしてさしあげるのにふさわしい方（応供《おうぐ》）であり、歴史や時間の制約を超えた智恵の持ち主（等正覚《とうしょうがく》）であり、過去世を知り尽くし未来世を知り尽くし煩悩を完全に克服した方（明行足《みょうぎょうそく》）であり、完璧な悟りに到達した方（善逝《ぜんざい》）であり、聖なる世界のことも俗なる世界のことも知り尽くした方（世間解《せけんげ》）であり、世間の動向にゆるがない最上の智恵と行動の方（無上士《むじょうし》）であり、穏やかな言葉と厳しい言葉を自在に使い分けて修行者を指導する方（調御丈夫《じょうごじょうぶ》）であり、神々と人間にとって共通の指導者（天人師《てんにんし》）であり、最高の智者（仏《ぶつ》）であり、世の中の人々から尊敬されるべき方（世尊《せそん》）でした。

ちょうどそのとき、一人の国王がいました。世自在王という名の如来の説法を聞いて、心は歓喜に満ちあふれ、このうえなく正しい悟りに到達したいという心を起こし、国を捨て、王の位を捨て、出家して修行者となり、法蔵《ほうぞう》と名乗りました。かれは才知にすぐれ、勇猛果敢であり、世間一般の人々とはまるで異なっていました。

法蔵比丘は世自在王という名の如来がいらっしゃるところを訪れて、敬意をあらわすために、如来の足を自分の頭頂にいただき、右回りに三周し、両膝をそろえてひざまずき、合掌したのち、如来に対する賛美の思いを、詩句に託しました。

世自在王如来さまのお顔は気高く光り輝き、あまりにご立派なので形容のしようがありません。このような輝きは、比類を絶しております。太陽も月も、摩尼《まに》宝珠も、その輝きをみな失い、墨のように真っ黒にしか見えません。

世自在王如来さまのお顔の美しさは、超絶していて、世に比べるものとてありません。悟りを語るお声は、大音声となって、全宇宙に響きわたります。戒律と多聞と修行と瞑想と智恵の威徳は、かなう者などだれもなく、最高の次元に達していて、まことに希有でございます。

深く、しかも明晰に、もろもろの仏たちの大海のごとき教えを瞑想して、その深奥をきわめ、その淵源をきわめておられます。根源的な無知も欲望も忿怒《ふんぬ》の心も、世自在王如来さまとはまったく縁がありません。人間界の勇者にして獅子のごときお方の威徳は、もはやはかり知れません。

その功績は広大であり、その智恵は深遠をきわめておられます。お顔から放たれる光明の威力は、三千大世界を震動させずにはおきません。わたしの願いは、世自在王如来さまと同じように、輪廻《りんね》転生《てんしょう》から解き放たれて、解脱することにほかなりません。

完璧な施しや恵み、完璧な心の統一、戒律の完璧な順守、完璧な忍耐、完璧な努力という境地に、完璧な智恵をくわえた六種類の完成（六波羅蜜《ろくはらみつ》）を、ぜひとも成就したいと存じます。なにがなんでも如来となり、この願を実現して、苦しみや迷いに恐れおののく生きとし生けるものすべてを、なにひとつ心配することのない状態にみちびく、とお誓い申し上げます。

百千万億の仏たち、数限りない仏たち、ガンジス河の砂の数に匹敵するほど多くの仏たちを、残らず最高に快適な状態にしてさしあげるよりも、悟りへと至る道を求める心が堅固で、絶対にしりぞかないことのほうが、はるかに大切なのです。

たとえば、ガンジス河の砂の数に匹敵するほど多くの仏の世界、数えきれないほど多くの仏国土があろうとも、わたしから放たれる光明が、それらをすべて照らし出し、光明がとどかないところはどこもないように、精進努力し、想像を絶する神秘的な力を発揮いたします。

もし、わたしが仏になるならば、自分の仏国土を、最高の仏国土にいたします。そこに住む生きとし生けるものが、最高に美しい外見をもつようにつとめます。また、最高の修行の場を用意いたします。わたしの国土を、煩悩がなく、かぎりなく清らかで、比類を絶したところにいたします。生きとし生けるものすべてに慈悲の心をそそぎ、ことごとく悟りへとみちびきます。

わたしの国土へ、全宇宙からおとずれるものたちは、その過程ですでに、歓喜に満ち、清らかな状態となります。実際に到達してみれば、最高に快く、なにひとつとして心配することがありません。世自在王如来さま、お願いでございます。わたしの願いが、嘘偽りなく、本物であることを、信じてください。以上が、わたしの願いでございます。こうしていったん発願したからには、あとは精一杯、努力するだけです。

全宇宙の各所においでになる世にも尊きお方さまがたは、その智恵を自在に駆使できると存じます。わたしの心身両面にわたる努力を、世自在王如来さまに、どうかお伝えください。わたしは、たとえ我が身が最悪の状態にあろうとも精進努力し、どんな苦難に会おうとも決して後悔いたしません。

ついで、釈迦牟尼仏は阿難尊者に、こうおっしゃいました。

「法蔵比丘は以上の詩句を説き終わると、世自在王如来に向かって、こう申し上げたのです。

『このとおりでございます。世にも尊きお方さま。わたしはこのうえなく正しい悟りを求める心を起こしました。お願いでございます、世自在王如来さま。わたしのために尊い教えをすべてお説きください。わたしはお教えのとおりに修行して、清浄で荘厳で、たとえようもなくすばらしい仏国土を、完璧に建立いたします。わたしを、できるかぎり速く、仏の悟りへとみちびき、生死にまつわるもろもろの苦しみの根本的な原因を、抜きとってください』と」

釈迦牟尼仏は阿難尊者に、こう語りました。

「そのときのことです。世自在王如来は、法蔵比丘に、こうおっしゃった。

『修行して仏国土を建立するというが、いったいどのように立派な仏国土にしたいですか。まずはそれを知らなければならない』と。

法蔵比丘はお答えしました。

『そう尋ねられましても、わたしが知りうる範囲を超えております。お願いございますから、世にも尊きお方さま。もろもろの仏たちがおいでになる浄土が、どのようにして建立されたのか、くわしくお聞かせください。わたしはお聞きしたとおりに、修行し、精進努力して、願いを完璧にかなえたいと存じます』

そう請われて、世自在王如来は法蔵比丘の願いが気高く、明らかで、深く、広大なことを理解し、法蔵比丘のために、説法なさいました。

『たとえば、大海の水の量を、たった一人で、升《ます》ではかるようなものです。無限に近い膨大な時間をかけて、水を全部汲み出し、干上がった海底から最高の宝を手に入れるようなものです。それほど困難なことではあるのですが、どんな人であろうと、精一杯、努力して、悟りへと至る道を求めつづけるならば、必ずや成し遂げられるのです。かなわない願いなど、ないのです』

こう、おっしゃると、世自在王如来は、法蔵比丘のために、二百十億の仏国土について、そこに住んでいる神々と人々の善悪、あるいはそのすばらしい環境を、詳細にお説きになりました。また、法蔵比丘の心ひそかに思っていた願いを聞き入れて、仏国土の様相を、ありのまま見せてあげたのでした。

それが終わったとき、法蔵比丘は、世自在王如来がお説きになった仏国土がいかにすばらしいところか、耳から聞き、またことごとく目の当たりにすることができたので、このうえなくすぐれた願を発しました。その心は完璧にととのえられてなにものにも動ぜず、その志はなにものにも執着することなく、世界のどこを見わたしても比べられる者などいませんでした。さらにそのあと、法蔵比丘は五劫《ごこう》の時間をかけ、自分の仏国土を荘厳な状態にするために欠かせない清浄な修行について、考えに考えて、完璧に理解しました」

釈迦牟尼仏のお話を聞き終わったとき、阿難尊者は釈迦牟尼仏に、こうお尋ねしました。

「法蔵比丘が建立した仏国土に住んでいる仏菩薩の寿命は、どれほどなのでしょうか」

釈迦牟尼仏はお答えになりました。

「その仏の寿命は四十二劫です。さて、法蔵比丘は、二百十億の仏国土を超えた最高の仏国土を実現するのには、どのような清浄な修行が欠かせないのか、完璧に理解しました。このように完璧に理解し終えると、法蔵比丘は世自在王如来のもとへと足をはこび、仏の両足を頭頂にいただいて敬意をあらわし、仏の回りを右回りに三周したのち、合掌してから、世自在王如来に向かって、こう申し上げたのでした。

『世にも尊きお方さま。わたしは仏国土を荘厳な状態にするのに欠かせない清浄な修行を、完璧に理解いたしました』

すると、世自在王如来が法蔵比丘に、こうおっしゃいました。

『法蔵比丘さん。いまこそ、お説きなさい。説くべきときが来たのです。ここに集まっている者たちを、あなたが建立しようとしている仏国土にぜひ往きたいという心を起こさせ、歓喜させなさい。ここにいる菩薩たちは、あなたの説法を聞き終わると、あなたが説いた教えを実践し、そのおかげで、無限の大いなる願いを成し遂げられるようになるでしょう』と。
法蔵比丘は世自在王如来に、こう申し上げました。
『それでは、お聞きください。わたしの願いを、できるかぎりくわしく、ご説明いたします』

（2） 四十八願

第一願
もしも、わたしが悟りをひらいて仏になろうとするとき、わたしの国土に、地獄界や餓鬼界や畜生界がまだあるようであれば、このうえなく正しい悟りをひらいて仏にはなりません。

第二願
もしも、わたしが悟りをひらいて仏になろうとするとき、わたしの国土に住む人々や神々が、寿命が尽きたのち、地獄界や餓鬼界や畜生界にまだ生まれ変わっているようであれば、このうえなく正しい悟りをひらいて仏にはなりません。

第三願
もしも、わたしが悟りをひらいて仏になろうとするとき、わたしの国土に住む人々や神々がみな、わけへだてなく、金色に輝く身体をまだもてないでいるようであれば、このうえなく正しい悟りをひらいて仏にはなりません。

第四願

もしも、わたしが悟りをひらいて仏になろうとするとき、わたしの国土に住む人々や神々が、みな一様ではなく、綺麗な者もいれば醜い者もまだいるようであれば、このうえなく正しい悟りをひらいて仏にはなりません。

第五願

もしも、わたしが悟りをひらいて仏になろうとするとき、わたしの国土に住む人々や神々がみな宿命通《しゅくみょうつう》、すなわち百千の千億倍劫の過去世における寿命や生存について、ことごとく知る智恵の力をまだ獲得できないでいるようであれば、このうえなく正しい悟りをひらいて仏にはなりません。

第六願

もしも、わたしが悟りをひらいて仏になろうとするとき、わたしの国土に住む人々や神々がみな天眼通《てんげんつう》、すなわち百千の千億倍におよぶもろもろの仏の国土を、ありのままに見られる智恵の力をまだ獲得できないでいるようであれば、このうえなく正しい悟りをひらいて仏にはなりません。

第七願

もしも、わたしが悟りをひらいて仏になろうとするとき、わたしの国土に住む人々や神々がみな天耳通《てんにつう》、すなわち百千の千億倍におよぶもろもろの仏の説法を聞いて、完璧に理解できる智恵の力をまだ獲得できないでいるようであれば、このうえなく正しい悟りをひらいて仏にはなりません。

第八願

もしも、わたしが悟りをひらいて仏になろうとするとき、わたしの国土に住む人々や神々がみな他心通《たしんつう》、すなわち百千の千億倍におよぶもろもろの仏の国土に住む生きとし生けるものたちが、いま、なにを思い、なにを考えているか、ありのままに知る智恵の力をまだ獲得できないでいるようであれば、このうえなく正しい悟りをひらいて仏にはなりません。

第九願

もしも、わたしが悟りをひらいて仏になろうとするとき、わたしの国土に住む人々や神々がみな神足通《じんそくつう》、すなわち百千の千億倍におよぶもろもろの仏の国土を、一瞬のうちに飛び越えていける力をまだ獲得できないでいるようであれば、このうえなく正しい悟りをひらいて仏にはなりません。

第十願

もしも、わたしが悟りをひらいて仏になろうとするとき、わたしの国土に住む人々や神々がみな、自分の身体に執着して、あれこれ煩悩をまだいだいているようであれば、このうえなく正しい悟りをひらいて仏にはなりません。

第十一願

もしも、わたしが悟りをひらいて仏になろうとするとき、わたしの国土に住む人々や神々がみな、「いつか必ず完璧な涅槃を実現する者」として住むのでないならば、このうえなく正しい悟りをひらいて仏にはなりません。

第十二願

もしも、わたしが悟りをひらいて仏になろうとするとき、わたしの放つ光明に限りがあって、百千の千億倍におよぶもろもろの仏の国土を、まだ照らし出せないでいるようであれば、このうえなく正しい悟りをひらいて仏にはなりません。

第十三願

もしも、わたしが悟りをひらいて仏になろうとするとき、わたしの寿命に限りがあり、百千の千億倍劫にとどまって、永遠不滅にまだなれないでいるようであれば、このうえなく正しい悟りをひらいて仏にはなりません。

第十四願

もしも、わたしが悟りをひらいて仏になろうとするとき、わたしの国土に住む声聞たちの数に限りがあって、小宇宙である三千大千世界の声聞や縁覚たちが、百千劫の時間をかけて数えれば、数えきれるくらいの数にまだとどまっているようであれば、このうえなく正しい悟りをひらいて仏にはなりません。

第十五願

もしも、わたしが悟りをひらいて仏になろうとするとき、わたしの国土に住む人々や神々の寿命に、他者を救うために、みずから望んで、寿命を縮めたり延ばしたりする場合をのぞき、限りある状態がまだつづくようであれば、このうえなく正しい悟りをひらいて仏にはなりません。

第十六願

もしも、わたしが悟りをひらいて仏になろうとするとき、わたしの国土に住む人々や神々のなかに、ほんとうに悪い心をもつ者がいるあいだは、あるいは悪い心ももつ者がいるという噂がまだあるようならば、このうえなく正しい悟りをひらいて仏にはなりません。

第十七願

もしも、わたしが悟りをひらいて仏になろうとするとき、わたしの名が、「すばらしいことを成就された」といって、数限りないもろもろの仏たちすべてから、まだほめたたえられないでいるようであれば、このうえなく正しい悟りをひらいて仏にはなりません。

第十八願

もしも、わたしが悟りをひらいて仏になろうとするとき、全宇宙の生きとし生けるものすべてが、これ以上はない思いを込めて、そしてなんの疑いもなく、わたしの国土に生まれたいと願う心を、一回でも十回でも起こして、ほんとうの信心が生まれたにもかかわらず、わたしの国土に生まれない状態がまだつづいているようであれば、このうえなく正しい悟りをひらいて仏にはなりません。ただし、五逆《ごぎゃく》の罪を犯す者、すなわち母を殺す者、父を殺す者、聖者を殺す者、仏の身体を傷つけて血を流させる者、教団を破壊する者は、わたしの国土に生まれたいと願っても、その願いはかないません。また、仏の正しい教えを誹謗中傷する者は、わたしの国土に生まれたいと願っても、その願いはかないません。

第十九願

もしも、わたしが悟りをひらいて仏になろうとするとき、全宇宙の生きとし生けるものすべてが、悟りを求める心を起こし、もろもろの功徳を積み、これ以上はない思いを込めてわたしのことを思い、わたしの国土に生まれたいと願ったにもかかわらず、その人が臨終を迎えるとき、あまたの弟子たちとともに、わたしがその人の眼前にまだ現れることができないようであれば、このうえなく正しい悟りをひらいて仏にはなりません。

第二十願

もしも、わたしが悟りをひらいて仏になろうとするとき、全宇宙の生きとし生けるものすべてが、わたしの名を聞いて、わたしの国土にあこがれ、さらにもろもろの功徳の原因となる行為を実践し、それらの行為から得られた功徳を、わたしに向かってほどこして、わたしの国土に生まれたいと願ったにもかかわらず、その願いがまだ果たされないでいるようであれば、このうえなく正しい悟りをひらいて仏にはなりません。

第二十一願

もしも、わたしが悟りをひらいて仏になろうとするとき、わたしの国土に住む人々や神々がみな、仏の特徴とされる三十二相、すなわち（一）足の裏が真っ平ら（扁平足《へんぺいそく》）であり、（二）足の裏に千本のスポークのある文様がついていて、（三）手足の指が人並みはずれて長く、（四）足のかかとの部分が広く平らであり、（五）手足の指のあいだに鳥の水かきのような金色の膜があり、（六）手足が柔らかく、色が紅赤であり、（七）足の甲が亀の背のように厚く盛り上がっていて、（八）足のふくらはぎが、鹿の王のように、円く微妙な形をしていて、（九）両手先が、まっすぐに立ったとき、膝をなでるほどには長く、（十）男根が馬や象のように体内に隠されていて、（十一）身長と両手を広げた長さが等く、（十二）身体に生えているすべての毛の先端がことごとく上になびき、右に巻き、紺青色をし、柔軟であり、（十三）身体の毛穴にすべて一毛が生えていて、その毛孔から微妙の香気を出し、毛の色が青瑠璃色であり、（十四）身体や手足がすべて黄金に輝いていて、（十五）身体から四方八方に、おのおの一丈の光明が放たれていて、（十六）皮膚が軟かくなめらかで、塵や垢で汚れておらず、（十七）両掌と両足の裏、両肩、うなじの七所の肉が円満で、浄らかであり、（十八）両腋の下に肉が付いていて、凹みがなく、（十九）上半身に威厳があり、獅子王のように立派であり、（二十）身体がほかに比べようもないほど広大で端正であり、（二十一）両肩の相が丸く豊かであり、（二十二）歯が四十本あり、しかも雪のように白く清潔であり、（二十三）歯の大きさがみな等しく、硬く密で、しかも一本のように歯並びが美しく、（二十四）歯以外に四本の牙があり、とくに白く大きく鋭利堅固であり、（二十五）両の頬が高く丸く隆起していて、獅子王のようであり、（二十六）なにを食べてもその食物の最上の味を堪能でき、（二十七）舌が軟らかくて薄く、しかも広くて長く、口から出すと髪の生え際にまで届くのに、口に入っても一杯にはならず、（二十八）声が清浄で、聞く者に無限の利益をあたえ、しかも遠くまでとどき、（二十九）眼が青い蓮華のように紺青であり、(三十)睫が長く整っていて乱れず、牛王のようであり、(三十一)頭頂の肉が隆起して髻《もとどり》の形をしていて、(三十二)眉間に右巻きの白毛があって、しかも光明を放ち、伸びると一丈五尺あることを、まだ完璧にそなえられていないようであれば、このうえなく正しい悟りをひらいて仏にはなりません。

第二十二願

もしも、わたしが悟りをひらいて仏になろうとするとき、他の仏国土に生まれついた菩薩たちが、わたしの国土に生まれ変われれば、修行をきわめて、あと一回だけ生をまっとうすれば、必ず仏となるという最高位の菩薩になれるはずです。ただし、例外はあります。自分が救おうとおもっている生きとし生けるもののために、あえて広大かつ強靭な誓願の鎧を身にまとい、功徳を積みかさね、生きとし生けるものすべてを救いとり、もろもろの仏たちの国土をおとずれては、菩薩として実践すべき修行を実践し、全宇宙の仏という仏を如来という如来を、ことごとく最高に快適な状態にしてさしあげ、ガンジス河の砂の数にも匹敵する生きとし生けるものすべてを迷いから解き放って、このうえなく正しい道に立たせ、ごく普通の菩薩とはまったく異なる高い次元にまで到達し、本来ならば十段階ある菩薩の階梯を一気にのぼりつめる行為を成し遂げ、普賢菩薩でなければ不可能とされる慈悲の行を実践する者は、例外とします。以上が実現しないならば、このうえなく正しい悟りをひらいて仏にはなりません。

第二十三願

もしも、わたしが悟りをひらいて仏になろうとするとき、わたしの国土に住む菩薩たちが、仏の超人的な力をいただいて、午前中という短い時間のうちに、とうてい数えきれないほど膨大な数の仏国土をおとずれ、そこにおいでの仏たちを最高に快適な状態にしてさしあげることがまだできないでいるようであれば、このうえなく正しい悟りをひらいて仏にはなりません。

第二十四願

もしも、わたしが悟りをひらいて仏になろうとするとき、わたしの国土に住む菩薩たちが、もろもろの仏国土をおとずれ、そこにおいでの仏たちの御前で、仏たちを最高に快適な状態にしてさしあげるという功徳を実現しようとおもい、そのために必要なありとあらゆる用具や器物を、まだ望みどおりに手に入れられないでいるようであれば、このうえなく正しい悟りをひらいて仏にはなりません。

第二十五願

もしも、わたしが悟りをひらいて仏になろうとするとき、わたしの国土に住む菩薩たちが、ありとあらゆることを完璧に知る仏の智恵について、まだ説法できないでいるようであれば、このうえなく正しい悟りをひらいて仏にはなりません。

第二十六願

もしも、わたしが悟りをひらいて仏になろうとするとき、わたしの国土に住む菩薩たちが、ナーラーヤナ神（ヴィシュヌ神）と同じように、ダイアモンドでつくられた身体をまだ得られないでいるようであれば、このうえなく正しい悟りをひらいて仏にはなりません。

第二十七願

もしも、わたしが悟りをひらいて仏になろうとするとき、わたしの国土に住む人々や神々の衣食住にかかわるありとあらゆる物品が、とても清らかで、しかも光り輝き、形も色もたとえようもなく優れ、その精緻さや巧妙さは、だれも想像すらできないはずですが、仮にもわたしの国土に住む生きとし生けるものが、超人的な透視の力を身につけたとしても、その力によって、そのありさまがくわしく知られてしまうことがあるようならば、このうえなく正しい悟りをひらいて仏にはなりません。

第二十八願

もしも、わたしが悟りをひらいて仏になろうとするとき、わたしの国土に住む菩薩たちのうち、最も功徳を積んでいない菩薩たちですらも、悟りの場にそびえている樹木（菩提樹）が、限りなく色とりどりの光を発し、高さ四百万里（十六億キロメートル）に達しているのをまだ目の当たりにすることができないようならば、このうえなく正しい悟りをひらいて仏にはなりません。

第二十九願

もしも、わたしが悟りをひらいて仏になろうとするとき、わたしの国土に住むすべての菩薩たちが、経典に説かれている真理を熟読玩味して、その内容を他の者たちに読み聞かせたり説明したりしたとき、読み聞かされたり説明されたりした者たちが、巧みな表現能力やすぐれた智恵をまだ獲得できないようならば、このうえなく正しい悟りをひらいて仏にはなりません。

第三十願

もしも、わたしが悟りをひらいて仏になろうとするとき、わたしの国土に住むすべての菩薩が獲得した智恵や表現能力に、まだ限りがあるならば、このうえなく正しい悟りをひらいて仏にはなりません。

第三十一願

もしも、わたしが悟りをひらいて仏になろうとするとき、わたしの国土が清浄にして光り輝き、その光明によって、全宇宙にありとしある無量で無数で、人間の想像力ではおよびもつかない諸仏の国土を、あたかも磨き上げられた鏡に、自分の顔を見るようにありあり見られるはずですが、それがまだ実現しないようならば、このうえなく正しい悟りをひらいて仏にはなりません。

第三十二願

もしも、わたしが悟りをひらいて仏になろうとするとき、わたしの国土において、地上から空中に至るまで、宮殿、高層建築、池や川、花の咲く樹木をはじめ、国土中のありとあらゆる存在が、数限りない宝物と百千もの香によって合成され、その荘厳の素晴らしさは人間界や神界の尺度をはるかに超え、その芳香が全宇宙をあまねく満たし、それを聞いた菩薩たちがみな仏道修行にまだいそしむようになるはずですが、それがまだ実現しないようならば、このうえなく正しい悟りをひらいて仏にはなりません。

第三十三願

もしも、わたしが悟りをひらいて仏になろうとするとき、全宇宙にありとしある無量で無数で、人間の想像力ではおよびもつかない諸仏の国土に住む生きとし生けるものすべてが、わたしが発する光明を身体に浴びて、身も心も、人間界や神界ではとうてい体験できないくらい、やわらぎやさしくなるはずですが、それがまだ実現しないようならば、このうえなく正しい悟りをひらいて仏にはなりません。

第三十四願

もしも、わたしが悟りをひらいて仏になろうとするとき、全宇宙にありとしある無量で無数で、人間の想像力ではおよびもつかない諸仏の国土に住む生きとし生けるものすべてが、わたしの名前を聞いて、ありとあらゆる事物には自体というものがなく、生ずることも滅することもないという智恵を獲得しないようであれば、あるいはひとたび耳にした真理をけっして忘れない記憶の力をまだ得ないようであれば、このうえなく正しい悟りをひらいて仏にはなりません。

第三十五願

もしも、わたしが悟りをひらいて仏になろうとするとき、全宇宙にありとしある無量で無数で、人間の想像力ではおよびもつかない諸仏の国土に住む女性たちが、わたしの名前を聞いて、喜びに満ちあふれ清く澄み切った心を生じ、菩提心を発し、自分の女性としての身体を嫌悪するでしょうが、そのような女性たちのこの世における寿命が尽きて、再び女性としてまだ生まれ変わるようであれば、このうえなく正しい悟りをひらいて仏にはなりません。

第三十六願

もしも、わたしが悟りをひらいて仏になろうとするとき、全宇宙にありとしある無量で無数で、人間の想像力ではおよびもつかない諸仏の国土に住む菩薩たちが、わたしの名前を聞いて、この世における寿命が尽きてのち、禁欲に徹した修行をつねに実践し、悟りを開くはずですが、それがまだ実現しないようであれば、このうえなく正しい悟りをひらいて仏にはなりません。

第三十七願

もしも、わたしが悟りをひらいて仏になろうとするとき、全宇宙にありとしある無量で無数で、人間の想像力ではおよびもつかない諸仏の国土に住む神々や人々が、わたしの名前を聞いて、頭と両肘と両膝の五個所を地に着けて礼拝し、喜びに満ちあふれる心で信じ、菩薩としての修行に励むのを見て、他の神々や人々が尊敬しないはずはありませんが、それがまだ実現しないようならば、このうえなく正しい悟りをひらいて仏にはなりません。

第三十八願

もしも、わたしが悟りをひらいて仏になろうとするとき、わたしの国土に住む人々や神々は、衣服を欲しいと思えば、仏が讃嘆するような、法に定められたとおりの衣服を、たちどころに、いつ身にまとったのかわからないうちに得られるはずですが、それらの衣服に、裁縫や彩色や布晒しや洗濯の必要がまだあるようならば、このうえなく正しい悟りをひらいて仏にはなりません。

第三十九願
　もしも、わたしが悟りをひらいて仏になろうとするとき、わたしの国土に住む人々や神々が享受する快適さは、煩悩の汚れを断じ尽くした出家僧が享受する快適さと同等なはずですが、それがまだ実現しないようならば、このうえなく正しい悟りをひらいて仏にはなりません。

第四十願
　もしも、わたしが悟りをひらいて仏になろうとするとき、わたしの国土に住む菩薩たちが、ふと思い立って、全宇宙にありとしある無量の、完璧に荘厳された仏国土を見ようと願うならば、その願いのとおりに、宝石の花を咲かせ宝石の葉を茂らせる樹木のなかに、細部に至るまで、あたかも磨き上げられた鏡に、自分の顔を見るように、ありありと見られるはずですが、それがまだ実現しないようならば、このうえなく正しい悟りをひらいて仏にはなりません。

第四十一願
　もしも、わたしが悟りをひらいて仏になろうとするとき、わたしの国土以外の仏国土に住む菩薩たちは、わたしの名前を聞けば、仏の境地を得るはずですが、彼らの感覚器官がまだ完璧な状態にまだ到達していないようならば、このうえなく正しい悟りをひらいて仏にはなりません。

第四十二願

もしも、わたしが悟りをひらいて仏になろうとするとき、わたしの国土以外の仏国土に住む菩薩たちは、わたしの名前を聞けば、ひとり残らず、よく分別する瞑想と呼ばれる瞑想を体得し、この瞑想に入ったまま、一瞬の間に、無量にして人間の想像力ではおよびもつかないもろもろの仏や世尊を供養し、しかもその瞑想を持続できるはずですが、それがまだ実現しないようならば、このうえなく正しい悟りをひらいて仏にはなりません。

第四十三願

もしも、わたしが悟りをひらいて仏になろうとするとき、わたしの国土以外の仏国土に住む菩薩たちは、わたしの名前を聞けば、寿命が尽きてのち、尊貴な身分の家に生まれるはずですが、それがまだ実現しないようならば、このうえなく正しい悟りをひらいて仏にはなりません。

第四十四願

もしも、わたしが悟りをひらいて仏になろうとするとき、わたしの国土以外の仏国土に住む菩薩たちは、わたしの名前を聞けば、躍り上がって喜び、菩薩としての修行に励んで、悟りの因となるもろもろの善根をすべて成就するはずですが、それがまだ実現しないようならば、このうえなく正しい悟りをひらいて仏にはなりません。

第四十五願

もしも、わたしが悟りをひらいて仏になろうとするとき、わたしの国土以外の仏国土に住む菩薩たちは、わたしの名前を聞けば、ひとり残らず、あまねく至ると呼ばれる心の状態を体得し、この瞑想に入ったまま、仏となるまでずっと、つねに無量で、人間の想像力ではおよびもつかない、ありとあらゆる諸仏を目の当たりにするはずですが、それがまだ実現しないようならば、このうえなく正しい悟りをひらいて仏にはなりません。

第四十六願

もしも、わたしが悟りをひらいて仏になろうとするとき、わたしの国土に住む菩薩たちは、聞きたいと願う説法があれば、思いどおりに聞けるはずですが、それがまだ実現しないようならば、このうえなく正しい悟りをひらいて仏にはなりません。

第四十七願

もしも、わたしが悟りをひらいて仏になろうとするとき、わたしの国土以外の仏国土に住む菩薩たちは、わたしの名前を聞けば、完璧な悟りを求める道において絶対に退くことのない位につくはずですが、それがまだ実現しないようならば、このうえなく正しい悟りをひらいて仏にはなりません。

第四十八願

もしも、わたしが悟りをひらいて仏になろうとするとき、わたしの国土以外の仏国土に住む菩薩たちは、わたしの名前を聞けば、わたしの説法によって目覚め、真理をすなおに受け入れて目覚め、ありとあらゆる事物には自体というものがなく生ずることも滅することもないという真理に目覚めるはずですが、それがまだ実現しないようならば、このうえなく正しい悟りをひらいて仏にはなりません。また、諸仏がお説きになる真理を受け入れて、完璧な悟りを求める道において絶対に退くことのない位につくはずですが、それがまだ実現しないようならば、このうえなく正しい悟りをひらいて仏にはなりません。

釈迦牟尼仏は阿難尊者に向かって、こうおっしゃいました。

「法蔵比丘は、これらの誓願を説き終わると、それを詩句に託して、こう語ったのです」

わたしは世の常識では推し量れない願を立てました。絶対に仏の悟りに到達します、と。この願が満たされなければ、誓ってこのうえなく正しい悟りを成就しません。

膨大な時間にわたり大施主となり、智恵もなければ財力もない者たちをあまねく救いとります。それが不可能ならば、誓ってこのうえなく正しい悟りを成就しません。

悟りをひらいて仏になったとき、わたしの名前が全宇宙に響きわたり、あらゆる境界を越えて広がります。それが不可能ならば、誓ってこのうえなく正しい悟りを成就しません。

ありとあらゆる欲望からの離脱、このうえなく深い瞑想によって得られた正しい認識、そして清らかな智恵を駆使して、禁欲に徹した修行を実践し、最高の境地を求めて、もろもろの神々や人々の指導者になりましょう。

神通力を駆使して広大無辺の光明を放ち、全宇宙の仏国土を照らし出して、貪欲と怒りと愚かさという三つの毒を消去し、ありとあらゆる厄難を救いましょう。

智恵の眼を開いて心の闇を滅ぼし、もろもろの悪への道を閉鎖して、天上界へと至る門に導きましょう。

仏の境地を成就してその威光が全宇宙を明るく照らし出せば、太陽も月も輝きを失い、もろもろの天上界から放たれる光も隠れて見えなくなります。

生きとし生けるものすべてのために真理の蔵を開き、あまねく功徳という宝物を施し、つねに多くの者たちを対象として説法し、獅子が吼えるがごとく真理を説きましょう。

ありとあらゆる仏たちを供養し、悟りの因となるもろもろの善根を完璧にそなえ、誓願と誓願によって達成された智恵をすべて成就して、欲界《よくかい》と色界《しきかい》と無色界《むしきかい》の三界《さんがい》を統治する勇者になりましょう。

仏しかもちえない教えとその意味とさまざまな言語表現と弁舌の才能を完璧にそなえて、なにひとつ欠けることがないようにしましょう。願わくは、わたしの智恵が最高の仏の智恵と同等でありますように。

これらの願が必ず成就するのであれば、全宇宙よ、震動せよ。虚空に住む神々よ、たとえようもなく美しい花々を雨のごとく降り注いでください。

釈迦牟尼仏は阿難尊者に向かって、こうおっしゃいました。

「法蔵比丘がこの詩句を語り終わるやいなや、大地はいたるところで六種類に震動し、天からたとえようもなく美しい花々が、雨のごとく、大地に降り注ぎました。どこからともなく楽の音が響きわたり、空中から法蔵比丘を讃嘆する『あなたは必ずやこのうえなく正しい悟りを成就するであろう』という声が聞こえたのです。

こうして法蔵比丘は、以上に述べた大願をあますところなく実現したのです。これらの大願は真実そのものであって、虚偽ではありません。この世では滅多にないことですが、究極の智恵を成就しようと願ったのです。

阿難さん、それから法蔵比丘は、世自在王という名の如来、もろもろの神々、第六天の魔王、梵天、天龍八部衆、そして大勢の人々が見守るなかで、四十八の誓願を述べ、想像を絶するほどの時間をかけて、それを実現しました。

誓願によって建立された仏国土は、限りなく大きく広く、他のどの仏国土よりも圧倒的にすぐれていて、比べものになりません。この仏国土は常住不変であり、衰えることもなければ、変わることもありません。

なぜならば、この仏国土は、ほとんど無限大の時間をかけて、菩薩が無量の功徳を積み上げて建立したからです。具体的にいえば、こういうことです。

欲望という悪しき心も、怒りという悪しき心も、誰かを傷つけたいという悪しき心も、生じさせませんでした。

欲望を生み出す原因となる心の働きも、怒りを生み出す原因となる心の働きも、誰かを傷つけたいという気持ちを生み出す原因となる心の働きも、発動させませんでした。

色形にも、音声にも、香にも、味にも、感触にも、それ以外の意識の対象にも、まったく執着しませんでした。

忍耐強く努力して、どんな苦労もいとわず、欲は少なく、足るを知り、貪る心も怒りの心も愚かな心ももちませんでした。

心は瞑想状態を維持し、つねに安定していて、その智恵にはなんら制約がありませんでした。

その言動には、嘘も偽りもなく、誰かに媚びへつらって嘘を真実と言いくるめたりしませんでした。

どんな相手に対しても、やわらいだ笑顔で、親愛の情のこもる言葉で受け答え、相手の心のうちを先んじて知り、その願いをかなえてあげました。

なにごとにも勇猛果敢にいどみ、いったん心に誓えばけっして倦まずたゆまず、ひたすら清浄かつ潔白な真理を求め、このようにして生きとし生けるものすべてを教化しました。

仏と法と僧の三宝をあつく尊敬し、指導者にお仕えしました。

福徳と智恵という二つの荘厳によって、菩薩としてなすべき修行をすべて成就し、その成果をもちいて、生きとし生けるものすべてが功徳を積めるようにつとめました。

この世のありとあらゆる存在には固定的な実体がない〔空〕という真理、この世のありとあらゆる存在は表面上の差異を超えて本質的にはなんら差異がない〔無相〕という真理、そしてこの世のありとあらゆる存在には固定的な実体も本質的な差異もないのだから、もはや何一つとして願う対象がない〔無願〕という真理、以上の三つの真理を住居とさだめ、この世のありとあらゆる存在は、生起することも作用することもなく、あたかも幻影のようなものにすぎないと見極めました。

悪しき言葉を使えば、自分自身を傷つけ、他人を傷つけ、結局は自分も他人も傷つけることになるので、けっして使わず、良い言葉を使えば、自分自身のためになり、他人のためになり、結局は自分と他人の両方のためになるので、すすんで修得しました。

国を捨て、王位を捨て、財物を捨て、妻子を捨てました。みずから率先して六波羅蜜を実践しました。すなわち布施をおこない、戒律をまもり、いかなる屈辱や苦難をも耐え忍び、悟りを求めてひたすら努力し、瞑想にいそしみ、智恵をきわめました。そして、他の人々にも、布施をおこない、戒律を守り、いかなる屈辱や苦難も耐え忍び、悟りを求めてひたすら努力し、瞑想にいそしみ、智恵をきわめるように教えさとしました。

このようにして、とうてい測りえないほど膨大な時間をかけ、功徳を積み重ねました。

地獄界に生まれようが、餓鬼界に生まれようが、畜生界に生まれようが、修羅《しゅら》界に生まれようが、人界に生まれようが、天界に生まれようが、いっさい関係なく、心のおもむくまま自由自在に活動した結果、あたかもとうてい測りえないほど膨大な宝物が、地下から自然に湧き出るように、善根がその身に積み重ねられました。

とうてい数えきれないほど多くの生きとし生けるものを、教えさとして、その心を安定させ、このうえなく高い仏の悟りの境地に安住させました。あるいは、人々を指導して、大富豪とし、在家信者とし、立派な紳士とし、政府の要人としました。戦士階級を統治する国王の位につかせ、仏教が想定する理想の帝王の位につかせ、四天王の位につかせ、忉利《とうり》天の王の位につかせ、夜摩《やま》天の王の位につかせ、兜率天の王の位につかせ、化楽《けらく》天の王の位につかせ、他化自在《たけじざい》天の王の位につかせ、そして梵天王の位につかせました。

つねに、衣服と飲食物と寝具と常備薬をささげて、諸仏を供養し、尊崇しました。

以上のような功徳は、枚挙にいとまありません。

口からは、青蓮華のような良い香を発しました。体中の毛穴からは、梅檀《せんだん》のような香を発し、その芳香は全宇宙にただよいました。容姿容貌はまことに端正で、たいへんな美貌の持ち主でした。その手からは、無尽蔵の宝物、衣服、飲食物、貴重きわまりない花々や香料、絹でつくられた傘、旗指物、装飾品があふれでました。

このようなことにおいて、法蔵比丘はもろもろの神々や人々をはるかに凌駕し、どのような物品も自由自在に獲得できる能力を得ていたのです」

（3）阿弥陀仏の成仏と浄土の様相について

阿難尊者は釈迦牟尼仏に、こう申し上げました。

「法蔵菩薩は、このうえなく正しい悟りを成就して仏となり、現時点ではすでに涅槃に入っておられるのでしょうか。それとも、まだ成仏されていないのでしょうか。あるいは、成仏され、現時点で在世されているのでしょうか」

釈迦牟尼仏は阿難尊者に、こうおっしゃいました。

「法蔵菩薩は、すでに成仏し、現在は西方におられます。そこは、ここから十万億の仏国土を超えていった彼方です。その仏の国土は、安楽と呼ばれています」

阿難尊者は、さらに質問しました。

「その仏が、成仏されてから現在に至るまで、どれほどの時間が経過しているのでしょうか」

釈迦牟尼仏は、こうお答えになりました。

「成仏してから、およそ十劫の時間が経過しています。その仏国土は、誰の手もわずらわせずに自然に生じた金、銀、ラピスラズリ、珊瑚《さんご》、琥珀《こはく》、シャコガイ、瑪瑙《めのう》の七宝を適材適所として大地がつくられ、限りなく広く、どこまで行っても果てがありません。

また、七宝が混じり合って、光明を発し、言葉では表現できないくらい綺麗なのです。

このように清浄な景観は、全宇宙のどこにも見当たりません。ありとあらゆる宝の中の宝であり、他化自在天にあるという宝に匹敵します。

また、その国土にはどこまでも平らで、世界の中心にそびえる須弥山《しゅみせん》もなく、世界の外縁にそびえる金剛鉄囲山《こんごうてっちせん》もなく、大小さまざまな山々すらもまったくありません。さらに、大きな海も小さな海もなく、谷もなく溝もありません。しかし、見たいと願うならば、仏の不可思議な力によって、たちどころに現れます。

地獄界や餓鬼界や畜生界のような、苦難に満ちあふれた悪しき境涯もありません。春夏秋冬の四季はなく、寒くもなければ、暑くもなく、つねに快適な気候です」

そう聞いて、阿難尊者は釈迦牟尼仏に、こう申し上げました。

「お師匠さま、須弥山がないならば、須弥山に住んでいるはずの四天王や忉利天の神々は、どこに住んでおられるのですか」

釈迦牟尼仏は、こうおっしゃいました。

「では、夜摩天の神々、あるいは色究竟天《しきくきょうてん》の神々は、どこに住んでいるでしょうか。須弥山のはるか上空に住んでいるではありませんか」

阿難尊者は、釈迦牟尼仏に、こう申し上げました。

「過去から現在に至るまでに積み重ねられた行為の結果は、想像を絶しております」

釈迦牟尼仏は、阿難尊者に、こうおっしゃいました。

「天界の神々が過去から現在に至るまでに積み重ねられた行為の結果が、想像を絶しているというのであれば、諸仏の世界もまた、想像を絶しているのは当然です。かの仏の国土に住んでいる者たちは、もろもろの功徳を積み重ね、その結果として得られた善の力に報われ、今、かの仏の国土に住んでいるのです。したがって、須弥山があるとかないとか、詮索する必要はありません」

阿難尊者は、釈迦牟尼仏に、こう申し上げました。

「この件について、わたし自身に疑惑はございません。ただ、将来生まれてくるであろう者たちのために、彼らが疑惑をいだかないように、あえてお尋ねしたまでです」

釈迦牟尼仏は、阿難尊者に、こうおっしゃいました。

「無量寿仏の放つ光明は想像すらできない霊妙な力をもち、最も尊く、第一等で、他の仏たちが発する光明とは比較になりません。

無量寿仏の放つ光明は、あるときは百の仏国土を照らし出し、またあるときは千の仏国土を照らし出します。要約すると、東方に位置するガンジス川の砂の数に等しい数の仏国土を照らし出します。南と西と北、さらに東南と東北と西南と西北にくわえ、上方と下方についても、同じです。

また、無量寿仏の放つ光明は、七尺しか照らし出さないこともあれば、一由旬《ゆじゅん》（約七キロメートル）、二由旬、三由旬、四由旬、五由旬まで照らし出すこともあります。このように、光明の照らし出す距離は飛躍的に伸びていって、ついに一つの仏国土全体を照らし出すのです。

このゆえに、無量寿仏は、無量光仏（無量の光を放つ仏）、無辺光仏（限りのない光を放つ仏）、無礙光仏（遮るもののない光を放つ仏）、無対光仏（誰にも邪魔できない光を放つ仏）、燄王《えんのう》光仏（光の王位にある仏）、清浄光仏（仏道にふさわしい清浄な光を放つ仏）、歓喜《かんぎ》光仏（照らし出された者に喜びをあたえる光を放つ仏）、智慧光仏（無明の闇を照らし出す智慧の光を放つ仏）、不断光仏（つねに光を放ち続ける仏）、難思《なんじ》光仏（誰もその量を測れない光を放つ仏）、無称光仏（言葉では表現できない光を放つ仏）、超日月光仏《ちょうにちがつこうぶつ》（太陽よりも月よりも輝く光を放つ仏）とも呼ばれるのです。

この仏から放たれた光明を浴びた者たちは、貪欲も怒りも愚かさも消え失せ、体も心もときほぐれてやさしくなり、じっとしていられないくらい喜びに満ちあふれ、善心が生じます。もし、地獄界や餓鬼界や畜生界のような苦しみばかりの境遇にいても、この光明を仰ぎ見ることができれば、誰しもが安らぎを得て、苦悩から解き放たれ、寿命が尽きてのちに、みな解脱することができます。

無量寿仏の放つ光明が、全宇宙のありとしある諸仏の国土を照らし出すと、その光明の偉大な特性について、耳にしない者はいなくなります。

かの仏が放つ光明を、今、わたしだけが称賛しているわけではありません。ありとしある諸仏も、声聞も、縁覚も、もろもろの菩薩たちも、みなそろって、わたしと同じように、讃嘆を惜しみません。

誰であろうと、無量寿仏の放つ光明が想像すらできない霊妙な力をもっていると聞いて、昼夜をわかたず、心の底から讃嘆しつづけるならば、願いのとおりに、無量寿仏の国土に生まれることができるのです。しかも、もろもろの菩薩たちからも声聞たちからも、そろって褒めたたえられ、その功徳を称賛されるのです。

さらにそのうえ悟りを開くことになれば、全宇宙のもろもろの仏や菩薩に、いまやおのれの身にそなえた光明を、かつて自分が無量寿仏の放つ光明を讃嘆したのと同じように、讃嘆されるのです」

また、釈迦牟尼仏は、こうおっしゃいました。

「わたしが無量寿仏の放つ光明が、想像を絶する霊妙きわまりない力をもち、いかに比較を絶しているかを語ろうとするならば、昼夜をわかたず、一劫の時間をかけても、まだ語り尽くせません」

釈迦牟尼仏は阿難尊者に、こうおっしゃいました。

「無量寿仏の寿命はあまりに長くて、計り知れません。阿難さん、あなたにはとうてい理解できないかもしれない。全宇宙の数限りない生きとし生けるものが、みな、人間として生まれ合わせ、かれらがすべて声聞や縁覚の境地を成就したとしよう。そのうえで、かれら全員が集まり、瞑想に入って、一心不乱に智恵の力を尽くし、百千万劫もの間、無量寿仏の寿命を推し量ろうと懸命に努力しても、正しい答えを得ることはできません。

声聞や菩薩や神々や人々の寿命の長短についても、同じです。算術や比喩をもって、知ることはできません。また、声聞や菩薩の人数は量りがたく、論じることはできません。かれらは神通力にも智恵にもすぐれ、その威力を思うがままに駆使できます。それは手のひらの中に、世界をもっているようなものです」

釈迦牟尼仏は阿難尊者に、こうおっしゃいました。

「かの無量寿仏が悟りを開いた後に初めて説法されたとき、そこに集まった声聞たちの数はとても数えきれません。菩薩たちの数も、同じく数えきれません。

わたしの弟子のなかで最高の神通力をもつ目犍連と同じ力をもつ者が、たとえ百千万億ないし無量無数もいて、十の五十二乗×十の六十乗劫という時間をかけ、悟りに至るまでずっと計算しても、その数をきわめ尽くすことはできません。

それは、大海が深く広く、きわまりがないのにたとえられます。誰かが自分の頭髪一本を百に裂き、その一つで、海水を一滴ずつすくいあげるようなものだからです。百分の一の細さになった頭髪から滴り落ちる水の量と、大海全体の水の量とでは、どちらが多いか、想像してみてごらん」

阿難尊者は釈迦牟尼仏に、こう申し上げました。

「百分の一の細さになった頭髪から滴り落ちる水の量が、大海全体の水の量のどれくらいにあたるか、巧緻な暦法を用いても、算術を用いても、言語表現を用いても、譬喩表現を用いても、知ることはできません」

釈迦牟尼仏は阿難尊者に、こうおっしゃいました。

「目犍連などのように、最高の神通力をもつ者が、十の五十二乗×十の六十乗劫という時間をかけて、無量寿仏が悟りを開いた後に初めて説法されたとき、そこに集まった声聞たちや菩薩たちの数を数え上げたところで、知ることができる水の量はせいぜい一滴にすぎないとすれば、知ることができない水の量は大海の水の量に匹敵します。

また、無量寿仏の国土には、七宝でつくられたさまざまな種類の樹木が、いたるところに生えています。それらは金の樹木、銀の樹木、瑠璃（ラピスラズリ）の樹木、水晶の樹木、珊瑚の樹木、瑪瑙の樹木、シャコガイの樹木です。あるいは、七宝の中の二種類か三種類を組み合わせてつくられている樹木もあれば、七種類すべてを組み合わせてつくられた樹木もあります。

二種類の宝を組み合わせてつくられた宝樹には、金の幹に銀の葉や花や実がついているものがあります。銀の幹に金の葉や花や実がついているものがあります。瑠璃の幹に水晶の葉や花や実がついているものがあります。水晶の幹に瑠璃の葉や花や実がついているものがあります。珊瑚の幹に瑪瑙の葉や花や実がついているものがあります。瑪瑙の幹に瑠璃の葉や花や実がついているものがあります。シャコガイの幹にさまざまな宝石の葉や花や実がついているものがあります。

七種類の宝を組み合わせてつくられた宝樹には、根が紫金、茎が白銀、枝が瑠璃、小枝が水晶、葉が珊瑚、花が瑪瑙、実がシャコガイのものがあります。根が白銀、茎が瑠璃、枝が水晶、小枝が珊瑚、葉が瑪瑙、花がシャコガイ、実が紫金のものがあります。根が瑠璃、茎が水晶、枝が珊瑚、小枝が瑪瑙、葉がシャコガイ、花が紫金、実が白銀のものがあります。根が水晶、茎が珊瑚、枝が瑪瑙、小枝がシャコガイ、葉が紫金、花が白銀、実が瑠璃のものがあります。根が珊瑚、茎が瑪瑙、茎が枝がシャコガイ、小枝が紫金、葉が白銀、花が瑠璃、実が水晶のものがあります。根が瑪瑙、茎がシャコガイ、枝が紫金、小枝が白銀、葉が瑠璃、花が水晶、実が珊瑚のものがあります。根がシャコガイ、茎が紫金、枝が白銀、小枝が瑠璃、葉が水晶、花が珊瑚、実が瑪瑙のものがあります。

これらさまざまな宝樹は、列をつくって並んでいます。茎と茎が互いに向かい合い、枝と枝が互いに向かい合い、葉と葉が互いに向かい合い、花と花が互いに向かい合い、実と実が互いに向かい合っています。宝樹の列が光を受けて輝きわたる様子は、まぶしいばかりです。清らかな風が吹きわたると、宝樹の列から霊妙な五つの音階が響きわたり、心をなごませます。

また、無量寿仏の国土にそびえている菩提樹（道場樹）は、その高さが四百万里（一億キロメートル）、根元の太さは五十由旬（三百五十キロメートル）もあります。枝葉は四方に二十万里（八千万キロメートル）ずつ伸びています。枝葉は、ありとあらゆる宝石が、誰の手も借りずに、いろいろに組み合わされ、月光のように輝く如意宝珠や大海の水をたもつという輪宝《りんぽう》のような、宝物の中の宝物によって飾られています。

宝珠の小枝という小枝に宝石でつくられた装飾が垂れ下がり、百千万の色とりどりに光っています。無量の光明が果てもなく明るく輝きわたり、滅多に手に入らない貴重な宝石でつくられた網が、宝樹の上にかけられています。

ここにはこんな装飾が欲しいなと思うだけで、どんな装飾でもたちどころに施されます。

微風が静かに吹いて枝葉をそよがせると、限りなく尊い教えが音声となって聞こえてきます。その音声は広がっていき、諸仏の国土にあまねく伝わります。その音声を耳にする者は無生法忍《むしょうぼうにん》、つまりこの世の全存在は生じることもなければ滅することもないと知る智恵を得て、仏道修行においてもはや絶対に後退しないという不退転の境地が実現します。そして、悟りを開くまでずっと、耳はその機能を、なんら障害もなく、最高の状態でたもちつづけます。

目は宝樹の色を見ます。耳は宝樹から放たれる音声を聞きます。鼻は宝樹から放たれる香を嗅ぎます。舌は宝樹の味をたしかめます。皮膚は宝樹から放たれる光に触れます。心は五感で感受できない対象を感受します。そして、無量寿仏の国土に安住する者は、みなこの世の全存在は生じることもなければ滅することもないと知る智恵を得て、仏道修行においてもはや絶対に後退しないという境地に到達します。このように、悟りを開くまでずっと、六つの感覚器官は、その機能を、なんら障害もなく、最高の状態でたもちつづけます。

阿難さん。無量寿仏の国土に安住する人々や神々が、もし、これらの宝樹を目の当たりにするならば、みなそろって、以下の三つの真理に対する確信を得られます。一つ目は音響忍《おんこうにん》、つまり仏菩薩の音声による説法を聞き、正しく理解して、悟るという確信を得られます。二つ目は柔順忍《にゅうじゅんにん》、つまり仏菩薩が説かれる真理にすなおにしたがい、またみずから思惟して、悟るという確信を得られます。三つめは無生法忍、つまりこの世の全存在は生じることもなければ滅することもないと知る智恵を得て、悟るという確信を得られます。

これらはみな、無量寿仏の威神力、すなわち想像を絶する霊妙きわまりない力のおかげです。無量寿仏の本願力、すなわちまだ法蔵比丘だったときに建てた本願が、すべて成就して仏となったことによって得られた力のおかげです。

音響忍と柔順忍と無生法忍を実現させた本願力は、満足願と明了《みょうりょう》願と堅固願と究竟《くきょう》願という四つの願の力に由来しています。満足願とは、何一つとして欠けることがなかった願という意味です。明了願とは、虚しさとはまったく縁がなく、求めるにあたいした願という意味です。堅固願とは、何者も破壊しえない堅固な願という意味です。究竟願とは、本願が、完璧に成し遂げられる願という意味です。これら四つの願がすべて成就したことによって得られた力こそ、音響忍と柔順忍と無生法忍を実現させたのです」


釈迦牟尼仏は阿難尊者に、こうおっしゃいました。

「現世の帝王たちは、百千種類の音楽を享受します。世界を支配統治する理想の帝王である転輪《てんりん》聖王《じょうおう》、あるいは六つある欲界の最上位に君臨する他化自在天《たけじざいてん》に住む者たちが享受する音楽の妙なる響きは、現世の帝王たちが享受する音楽の千億倍もすぐれています。しかし、他化自在天において奏でられる何万種類の音楽も、無量寿仏の国土にある宝樹から発せられるたった一種の音楽に比べても、千億分の一にすぎません。

また、無量寿仏の国土には、誰の手も借りずに、何万種類もの音楽が奏でられています。そして、それらの音楽は、つねに仏の教えを説いています。清らかでリズミカルでもあれば、ときに哀愁を帯び、冴え冴えと響きわたり、精妙きわまりなく、調和しています。全宇宙で奏でられる音楽のなかでも、最高です。

講堂も僧院も宮殿も高層建築もみな、誰かがそうしたというのではなく、はじめから七宝の装飾が施されています。しかも、真珠や月光に似た光を放つ摩尼宝珠などで飾られた幔幕が、あたかも露が太陽の光を受けて輝くように、光り輝きながら、建築物の上をおおっています。

さらに、これらの施設の内部にも外部にも左右にも、水浴できる池があまたあります。その大きさは七十キロメートルとも、百四十キロメートルとも、二百十キロメートルとも、あるいは七百×千キロメートルともいわれます。これらの浴池は、縦も横も深さも、みな同じ長さですから、ちょうど立方体のような形状をしています。

浴池に満々とたたえられた水は、清く澄み、冷涼で、甘美で、軽く軟らかく、潤沢で、安定していて、一口飲むと渇きを瞬時に癒し、飲み終わるや心身を健やかにする力を秘めています。清浄で、良い香りがし、飲めば甘露《かんろ》のような味がします。

黄金の浴池の底には、白銀の砂が敷き詰められています。白銀の浴池の底には、黄金の砂が敷きつめられています。水晶の浴池の底には、瑠璃の砂が敷きつめられています。瑠璃の浴池の底には、水晶の砂が敷きつめられています。珊瑚の浴池の底には、琥珀の砂が敷きつめられています。琥珀の浴池の底には、珊瑚の砂が敷きつめられています。シャコガイの浴池の底には、瑪瑙の砂が敷きつめられています。瑪瑙の浴池の底には、シャコガイの砂が敷きつめられています。白玉《びゃくぎょく》の浴池の底には、紫金《しこん》の砂が敷きつめられています。紫金の浴池の底には、白玉の砂が敷きつめられています。また、二種類の宝石、三種類の宝石、七種類の宝石が、組み合わされている場合もあります。

池の岸の上には栴檀樹があり、垂れ下がる枝の花や葉から放たれる良い香が、あたり一面にただよっています。天界の青蓮華や紅蓮華や黄蓮華や白蓮華が色とりどりに咲き誇り、浴池の上をおおっています。

無量寿仏の国土に住む菩薩たちや声聞たちが浴池に入り、心の中で、足先を水にひたしたいと思えば、たちどころに水が足先をひたします。心の中で、膝まで水にひたしたいと思えば、たちどころに水が膝までひたします。心の中で、腰まで水にひたしたいと思えば、たちどころに水が腰までひたします。心の中で、首まで水にひたしたいと思えば、たちどころに水が首までひたします。心の中で、全身を水にひたしたいと思えば、たちどころに水が全身をひたします。心の中で、もとどおりに水よ引けと思えば、たちどころに水はもとどおりに引きます。

水の温度は、冷たくも暖かくも、ちょうど良いぐあいに調節されています。

水浴すれば、精神は解放され、身体は快適になり、煩悩は洗い流されます。

水があまりに澄みきっているので、まるで無いかのようです。池の底に敷きつめられている宝石の砂が光り輝くので、深いところまでよく見えます。さざ波が池水の表をおおいながら流れ、その流れがあちこちで出会い、そして早からず遅からず、静かに動いていきます。

波が立つと、どこからともなく妙なる音声が、限りなく聞こえてきます。その音声を聞こうと願うと、願いのままに、聞こえてきます。

三宝の声、すなわち仏の声を聞き、法の声を聞き、僧の声を、聞く者もいます。寂静の声、すなわち煩悩を離れて苦を滅した悟りの境地の声を、聞く者もいます。空《くう》や無我の声を、聞く者もいます。大いなる慈悲の声を、聞く者もいます。波羅蜜《はらみつ》の声、すなわち迷いの世界から悟りの世界へと至るための道の声を、聞く者もいます。

十力《じゅうりき》の声、すなわち因果の道理にかなっているか、いないかを見抜く力・生きとし生けるものすべてのおこないとそのむくいを見抜く力・ありとあらゆる種類の瞑想を見抜く力・生きとし生けるものすべての能力の優劣を見抜く力・生きとし生けるものすべてのねがいを見抜く力・生きとし生けるものすべての性質を見抜く力・生きとし生けるものすべてをありとあらゆる境遇や境地にみちびくためはどうすれば良いのかを見抜く力・過去世のことを正しく記憶しておく力・生きとし生けるものすべての死と生を見抜く力・煩悩が尽き果てたことを見抜く力の声を、聞く者もいます。

四無畏《しむい》の声、すなわちありとあらゆる智恵をそなえているという畏れなき自信・ありとあらゆる煩悩を断ち尽くしているという畏れなき自信・修行の障害となる要素をすべて説いているという畏れなき自信・ありとあらゆる苦しみを消滅させ悟りへといたる道を説いているという畏れなき自信の声を、聞く者もいます。

不共法《ふぐほう》の声、すなわち仏と菩薩にしかなしえない十八の能力、いいかえれば声聞や縁覚にはなしえない十八の能力、具体的にいえば、十力と四無畏と大いなる慈悲に、三念住すなわち弟子が仏道修行に熱心であろうとなかろうと、またその両者がともにいてもまったく気にかけず、正しい境地に仏は安住するという三種のありかたをくわえた十八の能力の声を、聞く者もいます。

もろもろの通慧《つうえ》の声、すなわちさまざまな神通力と智恵が説かれている声を、聞く者もいます。無所作《むしょさ》の声、すなわちあらゆる捉われを離れた修行の声を、聞く者もいます。不起滅《ふきめつ》の声、すなわち生滅を離れた真理の声を、聞く者もいます。無生忍の声、すなわちこの世の全存在は生滅という現象を離れているとの真理を認識して、不動の境地を実現した声を、聞く者もいます。甘露灌頂《かんじょう》の声、すなわち菩薩が修行を重ねて到達できる最高次元とされる十地に入るとき、諸仏がその菩薩の頭頂に、智恵を象徴する甘露水をそそいで、仏法の王という職位を授ける声を、聞く者もいます。

以上のように、さまざまのすぐれた教えが説かれる声を聞くたびに、言葉ではとうていあらわしきれないいくらい大きな歓喜が、聞く者の心身を満たします。

それだけではありません。これらの教えを聞いた者は、身も心も清らかになり、俗世の欲望から離れ、悟りの境地に至り、真理の意味を正しく理解し、仏と法と僧の三宝、十力、四無畏、不共法《ふぐほう》を体得し、通慧をそなえ、菩薩と声聞がなすべき修行の道を成就します。

したがって、地獄界と畜生界と餓鬼界にけっして堕ちず、もはや苦難とは縁がなく、ひたすら喜びの声だけが響きわたります。ゆえに、無量寿仏の国土は「安楽世界」と呼ばれるのです。

阿難さん、無量寿仏の国土に往生する者たちは、以上のように、清浄な身体、各人各様の美声、神通力をそなえています。暮らすにあたっては、宮殿も衣服も飲食物も、美麗な花々も香も装身具も、第六天の住人たちが享受しているのと同等です。

もし、何か食べたいと思えば、七宝でつくられた食器が、誰の手も借りずに、目の前に現れます。金でつくられた食器、銀でつくられた食器、瑠璃でつくられた食器、シャコガイでつくられた食器、瑪瑙でつくられた食器、珊瑚でつくられた食器、琥珀でつくられた食器、明月摩尼《みょうがつまに》でつくられた食器、真珠でつくられた食器などが、望むとおりに現れ、そこに種々さまざまの美味しい飲食物が盛られます。

もっとも、これらの飲食物を実際に食べる者はいません。ただ、飲食物の色合いを見たり、香りを嗅いだりして、心の中で食べると思うと、実際には食べていないのに、満腹になります。そして、身も心もやわらいで、飲食物の味に執着することはありません。食事が終わると、食器も飲食物も姿を消し、食事の時間になると、また現れます。

無量寿仏の国土は清浄かつ安穏で、言葉では表現できない美しさに満ちあふれ、快適です。しかも、涅槃へと至る道につながっています。そこに生まれた声聞も菩薩も神々も人々も、高度な智恵をもち、神通力に習熟しています。

全員が同類で、外見からは見分けがつきません。しかし、無量寿仏の国土以外では、声聞、菩薩、神々、人々に区別しているので、ここではそれにならって便宜的に神々や人々と呼んでいるにすぎません。

かれらの容姿容貌は端正で、稀にみる美形ばかりです。外見は、言葉では表現できないくらい美麗で、世俗でいわれる神でもなければ、人でもありません。みな、涅槃に至る悟りにふさわしい身体なのです」

釈迦牟尼仏は阿難尊者に、こうおっしゃいました。

「世俗でいわれる神や人と、無量寿仏の国土に生まれた神や人を比べると、世俗で貧窮をきわめている人が、帝王のすぐそばにいるようなものです。容姿容貌はまったく比べものになりません」

阿難尊者は釈迦牟尼仏に、こう申し上げました。

「仮に、世俗で貧窮のあまり乞食をしている人が、帝王のすぐそばにいるとしても、その容姿容貌は痩せ衰え、卑しく、醜悪で、邪悪ですから、比べようとしても、百千万億倍どころか、計算できないほどの差があります。

なぜ、そうなのかというと、貧窮のあまり乞食をしている人は、これ以下はないくらい卑しい最下等の身分であり、衣服はぼろぼろで身を包み隠せず、生きるのに最低限の食物しか得ていないからです。かれらは飢えと寒さに苦しんでいて、人倫の道からはずれてしまいそうです。

そうなってしまった原因は、前世で善根を積まず功徳を積まず、ひたすら財産を貯め込むばかりで、施しをせず、富裕になればなるほど物惜しみをし、ただただわけもなく何でも欲しがって、貪り求めて飽くことなく、善をまったくおこなわず、山ほども悪を犯していたことにあります。

このような生涯を終えるとき、財宝は雲散霧消してしまいました。我が身を苦しめてまで貯め込んできた財宝が雲散霧消するというのですから、憂いに憂い悩みに悩みましたが、自分の手元には何もなくなり、すべて他人の所有に帰しました。

生きているうちに善根を積まず、功徳も積んでいなかったので、死んでからは地獄界か畜生界か餓鬼界に堕ちるしかなく、そこで長い期間にわたり苦しみ続けました。ようやく生前の罪をつぐなって、悪しき境涯から出られたものの、下賤の身分に生まれ変わり、あまりに愚かで卑しいゆえに、人間扱いされません。

このような事情を考えると、現世において帝王が人間界の頂点に君臨している理由は、かれが過去世において徳を積んだことに求められます。慈しみの心から恵みを多くの人々に施し、他人への思いやりや慈しみの心を兼ねそなえていたからです。信頼にこたえ、善業をおさめて、言行の不一致もいさかいごとも起こしません。

このようにして生涯を終えれば、良い果報を得て良い境涯にのぼり、天上界に生まれ変わって、幸福と悦楽を享受します。さらに、善業を積み重ねて得た果報から余慶にあずかり、人間として転生し、運よく王家に生を受けて、おのずから尊貴な者となるのです。その威儀も容姿容貌もすこぶる立派で、あまたの民衆から尊敬され、思うままに素敵な衣服を身にまとい、欲しいままに美味な食事を味わうことができます。これらは、前世において積み重ねた功徳がもたらした果報にほかなりません」

釈迦牟尼仏は阿難尊者に、こうおっしゃいました。

「あなたが言ったことは、まったくそのとおりです。もっとも、帝王が世俗の人々のなか尊貴とされ、その容儀は端正をきわめるといっても、転輪聖王に比べれば、はなはだ劣っていて、粗野でもあります。それはあたかも、貧窮のあまり乞食をしている人が帝王と並んでいるようなものです。
転輪聖王は威厳に満ち、すこぶる立派で、人間界では最高の存在ですが、忉利天の王、すなわち帝釈天に比べれば、圧倒的に醜悪で、万億倍も劣ります。帝釈天は第六天の王、すなわち他化自在天王に比べれば、百千億倍も劣ります。他化自在天王は、無量寿仏の国土に生まれた菩薩や声聞に比べれば、美麗な顔立ちや容姿において、百千万億倍どころではないくらい劣ります」

釈迦牟尼仏は阿難尊者に、こうおっしゃいました。

「無量寿仏の国土には、さまざまな神々や人々がいますが、かれらの衣服、飲食物、花々や香、装身具、絹でつくられた傘、旗指物、繊細かつ美麗な音声はとても上等です。住居としている家屋、宮殿、高層建築はかれらが望むとおりの外形や色彩をしていて、高さも規模もとりどりあります。また、一種類の宝物、二種類の宝物はいうまでもなく、数限りない種類の宝物が、欲しいと思うだけで、望みがかない、自分のものになります。

多種多様の宝石で飾り立てられた美麗な布が、いたるところに敷き詰められ、その上を神々や人々が踏み歩いていきます。数限りない種類の宝石をつらねてつくられた網が、仏国土をおおい尽くしています。宝石をつらねてつくられた網は、金糸や真珠はもとより、百千種類ものさまざまな宝石、とりわけ想像もつかないくらい珍奇な宝物をとりまぜて、装飾が施されています。

宝石をつらねてつくられた網は、東西南北の四面をとりかこみ、その末端にはやはり宝石でつくられた鈴がぶら下げられています。その色も輝きもまことに鮮烈で、荘厳を極めています。

法蔵比丘の本願力によってさまざまな功徳をそなえた風が、どこからともなく、そよそよと吹いてきます。その風は調和がとれていて、寒からず暑からず、早すぎず遅すぎず、快適な温度をたもっていて、とても心地よいのです。

風が宝石をつらねてつくられた網や宝樹を吹き抜けると、言葉ではとても表現できないほどすばらしい真理の音声が限りなく響きわたり、膨大な種類の温和で優雅な功徳の香がただよいます。言葉ではとても表現できないほどすばらしい真理の音声を耳で聞き、温和で優雅な功徳の香を鼻で嗅ぐ者は、心身に塵や垢のように付着しがちな煩悩から、それと気付かないうちに、解き放たれます。風が皮膚に触れると、誰もが快くなります。それは、出家僧が深い瞑想に入って、心の中にあった想念をすべて滅し尽くし、身体が安楽な状態になるのに、たとえられます。

また、風が宝樹の花々を吹き散らすと、花びらが無量寿仏の国土をあまねく満たします。花びらは色褪せたりせず、柔らかな光沢を帯び、その香は遠くまでとどき、国土全体が薫り立ちます。花びらの上を歩くと、四寸ほど沈みますが、足をあげると、もとどおりになります。

あらかじめ決められた時間が来ると、大地が裂け、花びらを吸収します。地上はきれいさっぱり、ひとひらの花びらも残りません。そして、あらかじめ決められた時間が来ると、風が吹いて、宝樹の花々を吹き散らします。このようなことが、一昼夜に六回、繰り返されます。

　さらに、さまざまな宝石でつくられた蓮華が、無量寿仏の国土をあまねく満たしています。一つ一つの蓮華には、百千億の花びらがあります。花びらから、数限りない種類の光明が放たれています。青い蓮華の花びらからは、青い光明が放たれています。白い蓮華の花びらからは、白い光明が放たれています。同じように、黒・黄・朱・紫の光明が放たれています。その輝きの明るく鮮烈なようすは、太陽や月もおよびません。

　一つ一つの蓮華の中から、三十六×百千億の光明が放たれています。その一つ一つの光明の中から、三十六×百千億の仏が出現します。それらの仏は、身体の色が紫金、容姿容貌はことのほか立派です。

　一人一人の仏は、百千の光明を放ち、全宇宙の生きとし生けるもののために、言葉ではとても表現できないほどすばらしい教えをお説きになります。このようにして、もろもろの仏は、それぞれ数えきれないほど多くの生きとし生けるものを、悟りへと至る正しい道に導きいれるのです」

（4）無量寿仏の浄土へ往生したいと願う者が実践すべき行為

釈迦牟尼仏は阿難尊者に、こうおっしゃいました。

「無量寿仏の国土に生まれた者は、一人の例外もなく、必ず悟りを開く者として住んでいます。なぜならば、無量寿仏の国土には、邪な境地にいてそのままでは決して涅槃に至ることができない者もいなければ、涅槃に至ることがまだ定まっていない者もいないからです。

全宇宙のすべての方向にあるガンジス川の砂の数と同じ数の仏や如来は、みなそろって無量寿仏の想像を絶する神秘的な力や功徳を讃嘆しています。その理由は、生きとし生けるものが無量寿仏の名を聞いて、信仰に目覚め、歓喜して、たった一度でも心の奥底からきよらかな思いをいだき、無量寿仏の国土に生まれたいという願いを起こすとしましょう。その生きとし生けるものは、必ず無量寿仏の国土に生まれることができ、そして無量寿仏の国土において、最高の悟りを求める道からもはや絶対に後退しないという菩薩の位についているからです。

ただし、五逆、すなわち父を殺す、母を殺す、阿羅漢《あらかん》を殺す、仏の身体を傷つける、出家僧から構成される教団の秩序を乱すという悪業に身をゆだねる者、ならびに正法を誹謗中傷する者は、除外されます」

釈迦牟尼仏は阿難尊者に、こうおっしゃいました。

「全宇宙の神々や人々のうち、心の奥底から、無量寿仏の国土に生まれたいと願う者は、以下の三種類に分けられます。

上等の者とは、家を捨て、欲望を棄てて出家者となり、菩提心を発して、ひたすら無量寿仏を心の中に想い描き、さまざまな功徳を修めて、無量寿仏の国土に生まれたいと願う者です。

このような生きとし生けるものが、寿命を終えるとき、無量寿仏はあまたの聖者たちとともに、その人の眼前にあらわれます。そして、無量寿仏に先導されて、その国土へ往生し、忽然として七宝の蓮華の中に生まれます。このようにして生まれた者は、もはや絶対に後退しないという境地を確立して、最高の悟りまでたゆまず歩んでいく、いかなる困難にも屈しない智恵の持ち主となり、神通力を自在に駆使できます。ですから、阿難さん。生きているうちに無量寿仏のお姿を拝見したいと望むならば、このうえなく正しい悟りを求める心を起こし、修行して功徳を積み、無量寿仏の国土に生まれたいと願うべきなのです」

釈迦牟尼仏は阿難尊者に、こうおっしゃいました。

「中等の者とは、全宇宙の神々や人々のうち、心の奥底から、無量寿仏の国土に生まれたいと願う者のうち、たとえ修行を積むために出家者となって大いに功徳を修めることはできなかろうとも、このうえなく正しい悟りを求める心を起こして、ひたすら無量寿仏を心の中に想い描く者です。多少なりとも善業を実践し、毎月六回、八斎戒《はっさいかい》を実践する者です。すなわち、生物を殺さない、他人の所有物を盗まない、嘘をつかない、酒を飲まない、性行為をひかえる、夜間に食事をしない、着飾らない、上等な寝台で寝ない、などを実践する者です。さらに、仏塔を建立し、仏像を造立し、出家者に飲食を提供し、無量寿仏の絵をかかげ、燈明をともし、散華《さんげ》し、香を焚くなどして功徳をめぐらし、無量寿仏の国土に生まれたいと願う者こそ、中等の者です。

このような人が、寿命を終えるとき、無量寿仏はそのお姿を、仮仏《けぶつ》として、あらわします。光明も容姿容貌も仏の真身とまったく変わらず、大勢の聖者とともに、その人の眼前にあらわれるのです。そして、寿命を終えた人は、仮仏に先導されて、無量寿仏の国土に往生し、最高の悟りを求める道からもはや絶対に後退しないという境地を確立します。その功徳や智恵は、上等の者に次ぎます」

釈迦牟尼仏は阿難尊者に、こうおっしゃいました。

「下等の者とは、全宇宙の神々や人々のうち、心の奥底から、無量寿仏の国土に生まれたいと願う者のうち、たとえもろもろの功徳を積むことができなかろうとも、このうえなく正しい悟りを求める心を起こし、ひたすら心を込めて、無量寿仏のお姿を、たとえば十回でも想い描いて、無量寿仏の国土に生まれたいと願う者です。

もし、このような人が、深遠な真理を聞いて、歓喜し、信仰して、疑惑を生ぜず、あるいは無量寿仏のお姿をたった一回でも想い描いて、無量寿仏の国土に生まれたいと願うならば、寿命を終えるとき、夢の中で、無量寿仏のお姿を拝見しつつ、往生することができるのです。その功徳や智恵は、中等の者に次ぎます」

釈迦牟尼仏は阿難尊者に、こうおっしゃいました。

「無量寿仏がもつ神秘的な力は無限です。全宇宙の数限りなく、きわまりなく、想像もできないもろもろの仏や如来たちが、みな一様に称賛しています。

今、わたしたちがいる娑婆世界から見て東方には、ガンジス川の砂の数に等しい数の仏の国土がありますそこに生まれた数限りないもろもろの菩薩たちが、みなそろって、無量寿仏のおられるところを訪れて、礼拝し、供養します。さらに、無量寿仏の国土に生まれた菩薩や声聞や人々に礼拝し、供養します。無量寿仏の教えを聞き、その教えを全宇宙の生きとし生けるものたちに広めます。南方、西方、北方、東北方、東南方、西南方、西北方、上方、下方の仏国土に生まれた菩薩たちも、同じことをします」

それから、世尊は、ここまで述べてきたことを、詩句に託しました。

東方には、さまざまな仏国土があり、その数はガンジス川の砂の数に等しいほど多いのです。そこに生まれた菩薩たちが、無量寿仏にお会いするために、その国土を訪れました。

南方、西方、北方、東北方、東南方、西南方、西北方、上方、下方にも、ガンジス川の砂の数に等しいほど多くの仏国土があります。これらの仏国土に生まれた菩薩たちも、無量寿仏にお会いするために、その国土を訪れました。

無量寿仏の国土を訪れたさまざまな菩薩たちは、それぞれ天界の美麗な花々と宝香、さらに値段のつけられないくらい高価な衣をささげて、無量寿仏を供養しました。

菩薩たちは勢ぞろいすると、天界の音楽を演奏し、調和がとれ優雅な楽の音をのびやかに響かせつつ、最高の仏を歌をもって讃嘆し、無量寿仏を供養しました。

「神通力と智恵をきわめ、深遠な真理の教えに通暁し、ありとあらゆる功徳を兼ねそなえ、比べられる者とてない最高の叡智の持ち主であられます」と歌い上げました。

「その智恵は、太陽の光のように、世間を限なく照らし出し、生死に迷う暗雲を消し去ります」と歌い上げます。無量寿仏を右回りに三周し、頭を地に着けて無上の仏を拝み、こう申し上げました。

「かの荘厳な浄土のすばらしさは、想像すらできないことがわかりました。それがわかりましたので、このうえない歓喜の心を起こし、わたしたちの国土を、無量寿仏の国土のようにしたいと存じます」と申し上げました。

すると、無量寿仏は楽しげに微笑みながら、お口から無数の光明を放って、全宇宙をあまねく照らし出しました。

ついで、光明をめぐらしてご自分の身体を三周させると、頭頂から引き入れました。それを見て、そこに居合わせたすべての神々と人々は、歓喜のあまり、躍り上がりました。

観世音《かんぜおん》菩薩は、衣服を整えると、頭を地に着けて無量寿仏を拝み、こう問いました。「どのような理由で、微笑まれたのでしょうか。お願いでございます、真意をお教えください」

無量寿仏のお声は清らかであり、雷鳴のようでもあれば、感情豊かで、聞きとりやすく、快く、うるおいにあふれ、正確で、雄々しく明朗でもあり、威厳に満ち、はるか遠くまで伝わる性質があります。そのお声で、こうおっしゃいました。「菩薩に、あなたは将来、まちがいなく仏になれる、と予言しましょう。そのことについて、これから説くので、心してお聞きなさい。

全宇宙から訪れる菩薩たちがなにを願っているか、わたしはよく知っています。菩薩たちは無量寿仏の荘厳な浄土と同じ浄土を求めているのです。仏になれるとあらかじめ決定され、そのとおり仏となることを求めているのです。

この世の全存在は、夢のようなもの、幻のようなもの、響きのようなものにすぎないと正しく認識したうえで、わたしが法蔵比丘だったときに立てたもろもろのすぐれた誓願をすべて満たすならば、あなたもこの浄土と同じ国土を創造できます。

この世の全存在は、電光のようなもの、影のようなものにすぎないと知ったうえで、法蔵比丘のように菩薩としての道をきわめ、さまざまな功徳を実際に積み重ねるならば、あなたも仏になれるとあらかじめ決定され、その決定のとおり、仏となるのです。

この世の全存在の本性は、ことごとく空であり、無我であるとよく理解したうえで、ひたすら浄土を求めるならば、必ずこの浄土のような国土を創造できます」

諸仏はその国土に生まれた菩薩を、安養の仏、すなわち無量寿仏に会わせようとして、こうおっしゃいました。「無量寿仏の教えを聞き、率先して修行を積み、清浄な国土へ急いで行きなさい。

この荘厳な浄土に行けば、すみやかに神通力を獲得し、無量寿仏からあなたは必ず仏になれると予言され、その予言のとおり、仏の悟りを成就できます。

無量寿仏の本願力によって、無量寿仏の名を聞いて、その浄土に往生しようと思うならば、誰一人として漏れることなく、その浄土へたどり着き、最高の悟りを求める道からもはや絶対に後退しない者となります。

菩薩よ、あなたが真実の願を起こして、自分の今いる国土も、無量寿仏の浄土と同じにしたいと願い、誰一人として例外なく、救いとりたいと思うならば、あなたの名は全宇宙に轟きわたるでしょう。

何億もの如来にお仕えし、虚空を飛翔して、諸仏の国土を訪れ、あまたの如来にうやうやしく接して、歓喜に満ちあふれつつ、安養国に帰って来るでしょう」と。

もし、その人が、前世において善行を積んでいなければ、この経典を、今ここで、聞くことはできませんでした。戒律を守って、清浄な状態をたもった者だったからこそ、正法を聞くことができるのです。

過去世において、世尊を目の当たりにした者だからこそ、無量寿仏の本願を信じ、我が身をへりくだり、無量寿仏を尊敬して、その説法を聞き、躍り上がって歓喜するのです。驕り高ぶる者、煩悩に邪魔されて六波羅蜜《ろくはらみつ》（布施・持戒・忍辱・精進・禅定・智恵）を実践できない者、怠けてばかりで善行を積めない者は、無量寿仏の本願をなかなか信じられません。過去世において諸仏を目の当たりにした者は、無量寿仏の本願を積極的に聞こうとします。

声聞あるいは菩薩では、無量寿仏の心を究めることはできません。たとえていうならば、生まれつき目の見えない人が、道案内するようなものです。

如来の智恵は大海のようで、深く、広く、果てもなければ、底もありません。声聞乗や菩薩乗ではとうてい測り知れません。たった独り、仏だけが明らかに認識できるのです。

たとえ、すべての人々が仏道修行をみな成就し、悟りを得て、なんの汚れもない智恵によって、この世の全存在の本性は空であると知り、ほとんど無限大の時間をかけて、仏の智恵に思いをめぐらし、

全精力をそそいで、講義し解説するために生涯をささげても、無量寿仏の智恵に限界がまったく無いと知ることはできません。このように、無量寿仏は清浄きわまりない悟りに到達されているのです。

人間として命を得ることは、滅多にありません。仏が在世しておられるときに生まれ合わせることは、滅多にありません。信仰や智恵のある人は、滅多にいません。ですから、もし、仏のお説き

になる真理を聞く機会があれば、最大限の努力によって求めなさい。

仏のお説きになる真理を聞いたならば、忘れないように努めなさい。真理にまみえ、敬った結果、大いなる幸福を得たならば、あなたはわたし（釈迦牟尼仏）の親友にほかなりません。このような事情を理解して、悟りを求める心を発しなさい。

たとえ世界中を焼き尽くす業火《ごうか》に遭遇しようとも、その業火を耐え忍び、みずからすすんで仏のお説きになる真理を聞くならば、必ずや悟りを開いて、多くの人々を輪廻転生の苦しみから救い出せるでしょう。

（5）無量寿仏の浄土へ往生した者が得る利益

釈迦牟尼仏は阿難尊者に、こうおっしゃいました。

「かの国土の菩薩たちは、誰一人として漏れなく、あと一回だけ生をまっとうすれば、必ず仏となるという最高位の菩薩となります。ただし、例外はあります。自分が救おうとおもっている生きとし生けるもののために、あえて広大かつ強靭な誓願の鎧を身にまとい、功徳を積みかさね、生きとし生けるものすべてを救いとろうと考えている者は、例外です。

阿難さん、無量寿仏の浄土の声聞たちは、その身体から、両腕を広げた長さくらいの光明を発します。菩薩の身体から発せられる光明は、七百キロメートル四方を照らします。

それらの菩薩のうち、二人の菩薩が最も尊く、最高位にいます。その二人の絶大な力によって発せられる光明は、あまねく三千大千世界を照らし出します」

阿難尊者は釈迦牟尼仏に、こうお尋ねしました。

「そのお二人の菩薩は、名を何というのでしょうか」

釈迦牟尼仏は、こうおっしゃいました。

「一人は観世音菩薩と呼ばれ、もう一人は大勢至《だいせいし》菩薩と呼ばれます。この二人の菩薩は、今わたしたちがいる娑婆世界において、菩薩としての修行を成就し、命を終えてから、無量寿仏の浄土へ転生しました。

阿難さん、無量寿仏の浄土へ生まれ変わる人々は、誰もが仏の三十二相をそなえます。すなわち、足の裏が真っ平ら（扁平足）です。足の裏に千本のスポークの文様があります。手足の指が人並みはずれて長いのです。足のかかとの部分は広くて平らです。手足の指のあいだに、鳥の水かきのような金色の膜があります。手足は柔らかく、色が紅赤です。足の甲は亀の背のように厚く盛り上がっています。足のふくらはぎは、鹿の王のように、円く微妙な形をしています。両手先が、直立すると、膝をなでるほどに長いのです。陰茎は馬や象のように体内に隠されています。身長と両手を広げた長さが等しくなっています。身体に生えているすべての毛の先端は上になびき、右に巻く、紺青色をしていて、柔軟です。身体の毛穴にすべて一毛が生えていて、その毛孔から微妙の香気を出し、毛の色は青瑠璃色です。身体や手足はすべて金色に輝いています。身体から四方八方に、おのおの一丈の光明が放たれています。皮膚は軟かく滑かで、塵や垢で汚れていません。両掌と両足の裏、両肩、うなじの七所の肉は円満で、浄らかです。両腋の下には肉が付いていて、凹みがありません。上半身には威厳があり、獅子王のように立派です。身体は他に比べようもないほど広大で端正です。両肩の相は丸く豊かにはなっています。歯が四十本あり、しかも雪のように白くて、清潔です。歯はみな大きさが等しく、硬く密で、しかも一本のように歯並びが美しいのです。歯以外に四本の牙あり、とくに白く大きく鋭利堅固です。両の頬が高く丸く隆起していて、獅子王のようです。何を食べてもその食物の最上の味を堪能できます。舌が軟らかくて薄く、しかも広くて長く、口から出すと髪の生え際にまで届くのに、口に入っても一杯にはなりません。声は清浄で、聞く者に無限の利益をあたえ、しかも遠くまで聞えます。眼は青い蓮華のように紺青です。睫は長く整っていて乱れず、牛王のようです。頭頂の肉は隆起して髻《もとどり》の形をしています。眉間には右巻きの白毛があって、しかも光明を放ち、伸びると一丈五尺あります。

智恵は完璧であり、この世の全存在の本質を正しく認識し、さまざまな経典の真意を究め尽くし、通暁しています。六種類の神通力、すなわち世界中どこでも透視できる天眼通、自分と他人の過去世を知る宿命通、煩悩を断絶して悟りを得る漏尽通、空中飛行できる神足通、世界中の声を聞ける天耳通、他人の心中を知る他心通を自在に駆使できます。視覚と聴覚と嗅覚と味覚と触覚と意識をつかさどる六つの感覚器官も、鋭敏な機能をそなえています。

資質に恵まれていない者ですら、音響忍《おんこうにん》、つまり仏菩薩の音声による説法を聞き、正しく理解して、悟るという確信、ならびに柔順忍《にゅうじゅんにん》、つまり仏菩薩が説かれる真理にすなおにしたがい、またみずから思惟して、悟るという確信を得ています。資質に恵まれた者であれば、正しく理解することが最も難しいとされる無生法忍、つまりこの世の全存在は生じることもなければ滅することもないと知る智恵を得ています。

また、菩薩たちは悟りを開いて仏になるまで、地獄界や餓鬼界や畜生界や人界や天界のような悪しき境涯に生まれ変わることはありません。六種類の神通力のうち、宿命通の力を自在に駆使して、自他の別なく、過去世においてどのような生死を体験したかを知ることができます。ただし、例外はあります。わたし（釈迦牟尼仏）がそうだったように、五濁《ごじょく》、すなわち天災や戦乱などの社会の汚れ、邪悪な教えや見解が流布する思想上の汚れ、さまざまな悪徳に象徴される精神上の汚れ、人々の心身の質がともに弱体化し低下する汚れ、人々の寿命が短くなる汚れ、といった五つの汚れにまみれた国土にあえて生まれ、その国土に生きる人々と同じ姿をとり、苦しむ人々を救おうとする場合は、例外とします」

釈迦牟尼仏は阿難尊者に、こうおっしゃいました。

「無量寿仏の浄土の菩薩たちは、無量寿仏の想像を絶する神秘的な力のおかげで、食事をたった一度するくらいの短時間で、全宇宙に限りなくありとしある世界を訪れて、さまざまな仏や世尊に敬意をあらわし、供養することができます。供養にあたっては、花や香、伎楽《ぎがく》、絹でつくられた傘、旗指物をはじめ、ありとあらゆる供養の品々が、これが欲しいと思うだけで、数限りなく用意されます。

それらは希少きわまりない貴重な品々で、娑婆世界ではまったく手に入らないものばかりです。そのような供養の品々を、仏や菩薩や声聞たちにささげます。ささげられた花々は、虚空を浮遊するうちに天蓋に変容し、色とりどりに光り輝きながら、香気をあたり一面にただよわせます。花の周囲が百六十キロメートルに達するものもあり、しかも徐々に拡大していって、ついには三千大千世界をおおい尽くします。そして、順々に地に落ちてきて、落ちると同時に、つぎつぎに消えていきます。

供養が終わると、菩薩たちはみなそろって満悦し、虚空に飛翔して天界の音楽を演奏します。さらに、最上の美声で仏の徳を讃嘆したり、仏の教えを聴聞したりして、限りない喜びに満たされます。

このようにして仏を供養し終えると、次の食事をとる前に、軽やかに虚空を飛翔して、あっという間に無量寿仏の浄土へ帰ってくるのです」

釈迦牟尼仏は阿難尊者に、こうおっしゃいました。

「大勢の声聞や菩薩たちを対象に、相手の能力に合わせて、説法なさるとき、無量寿仏は聴衆を七宝でつくられた講堂に集め、このうえなくすぐれた教えをお説きになります。それを聞く者は、一人残らず、喜びに満ちあふれ、心の底から理解し、仏の道に目覚めます。ちょうどそのとき、四方からそよそよと風が吹いてきて、宝樹という宝樹にあたります。すると、宝樹から五つの音階が響きわたります。天からは、美しい花々が数限りなく、まるで雨が降るように、降ってきて、風に乗って、舞い踊ります。

このように、誰の手も借りない供養が、延々と続きます。

天界の神々も、天界にしかない百千種類の花々や香によって、あるいは数えきれないほど多種多様の伎楽によって、仏はもとより、大勢の菩薩や声聞たちを供養します。その際は、神々が互いに道を譲りあって、漏れなく花々や香をささげ、さまざまな音楽を演奏し、供養します。このような供養を受けた方々が、いかに身も心もやわらぎ、いかに喜ばれるか、あえて言うまでもありません」

釈迦牟尼仏は阿難尊者に、こうおっしゃいました。

「無量寿仏の国土に生まれた菩薩たちは、講義すれば常に正法を述べます。無量寿仏の智恵にもとづくので、けっして間違えず、過失も生じません。無量寿仏の浄土に存在するありとあらゆる物に対して、これはわたしの所有物という心をもたず、好きになったり執着したりすることもありません。行くにしろ帰るにしろ、進むにしろ止まるにしろ、ありとあらゆる行為にこだわりをもたず、そのときどきの意志にしたがって自在に活動します。

好きとか嫌いとか、分けへだてることもなければ、自分と他者を区別することもありません。競うこともなければ、相手の非を訴えることもありません。

すべての生きとし生けるものに、大いなる慈悲と利益をあたえようと、心に誓っています。心映えは優しく、しかも自身の心を制御することにすぐれていて、怒ったり恨んだりする心をもち合わせていません。

心を覆って障りとなりがちな煩悩から遠く離れているので、その心は清浄で、生きとし生けるものを救いとることにけっして倦まない心をもっています。生きとし生けるものすべてを分けへだてなく救いたいと願う心をもち、そのようなすぐれた志を内に秘める心をもち、慈悲の心はたとえようもなく深く、けっして心を乱しません。真理を愛し、真理を楽しみ、真理を喜ぶ心しかもっていないのです。さまざまな煩悩を滅しているので、地獄界や餓鬼界や畜生界や人界や天界のような悪しき境涯に堕ちてしまう心とは縁がありません。

菩薩としてなすべき修行を完璧に実践し、すべて成し遂げた結果、限りない功徳を得ました。深い瞑想によって、六神通のうちの宿命通と天眼通と漏尽通を獲得し、さらに三慧《さんえ》、すなわち学習によって得られる慧の聞慧、思惟によって得られる慧の思慧、修習によって得られる慧の修慧を獲得しています。そして七覚支《しちかくし》、すなわち明晰な記憶力、真理を見抜く選択眼、たゆまぬ努力、真理を得たときの歓喜、身心の安定と快適さ、瞑想における集中力、偏りなき心を、興のおもむくままに楽しみながら、自身の心を仏の教えにかなうように鍛えています。

色や形を見る眼（肉眼）は、濁りなく澄みきり、すべてを見分けられます。全宇宙の過去と現在と未来を見る眼（天眼）は、最高の能力に達していて、限界がありません。真理を見る眼（法眼）は、悟りへと導くさまざまな道をよく観察して、どの道が生きとし生けるものを救うのに適しているか、見抜きます。智慧の眼（慧眼）は、真理を見据えて、生きとし生けるものを悟りの世界へと導きます。仏の眼（仏眼）は、以上四つの眼を完備して、真如《しんにょ》（真理）をことごとく認識します。

菩薩たちは、法無礙智と呼ばれる言語や文章に精通する能力、義無礙智と呼ばれる言葉の意味に精通する能力、辞無礙智と呼ばれるあらゆる言語に精通する能力、業無礙智と呼ばれる言語を自在に駆使する能力という、四つの能力を駆使して、人々のために、真理を説きあかします。

『欲界と色界と無色界から構成される三界は空を本質としていて、何一つ実在していない』と繰り返し観察して、仏教の真理を探し求めます。さまざまな弁舌の能力を兼ねそなえ、生きとし生けるものの煩悩がもたらすわざわいをとり除き、滅します。

自分たちも無量寿仏の浄土も、真如から生まれ来たったのであり、ゆえに自分たちも無量寿仏の浄土におけるもろもろの事象も、すべて真如そのものであると正しく認識しています。さらに、善を行い悪を滅すべきことを、誰でも理解できるように、さまざまな手段を駆使して、人々を教えさとします。仏道の修行に役立たない世間一般の俗な論議には関心をいだかず、仏道修行に役立つ正しい論議には積極的にとりくみます。もろもろの善の根本となる行為を実践して、仏道をあがめます。

『ありとあらゆる存在は、その本質においてことごとく空であり、実在していない』と認識して、迷いの結果としてある自身の身体も、そうした結果の原因となっている煩悩も、ともに滅し尽くしています。

これ以上はない深い教えを聞き、心にはもはやなんらの疑いも怖れもなく、ひたすら修行にいそしみます。その大いなる慈しみの心は、まことに深遠であり、言葉ではとても表現できないほどすばらしいうえに、まったく分けへだてがありません。

悟りへと運ぶ唯一の乗り物、すなわち智恵をきわめて、生きとし生けるものを悟りの世界へ到達させます。仏法に対する疑いの網を切り断っているので、智恵が、他に依らず、みずからの心からあふれ出ます。無量寿仏の教えを、何一つとして漏らすことなく、知り尽くしています。

このように、無量寿仏の浄土の菩薩たちの智恵は、大海にたとえられます。精神統一がなにものにも乱されないことは、須弥山が不動であることにたとえられます。智恵の光は、明るさにおいても浄らかさにおいても、太陽や月をはるかに超えています。清浄かつ潔白、しかも煩悩とはまったく縁のない功徳を、完璧にそなえています。

菩薩たちの心は、ヒマラヤにたとえられます。なぜならば、ヒマラヤの清浄な雪の光に照らし出されると、すべてがみな清浄に光り輝くように、菩薩たちの清浄きわまりない心に照らし出されると、それが誰であろうと、心中のもろもろの功徳がみな清浄に光り輝くからです。

菩薩たちの心は、大地にたとえられます。なぜならば、大地がありとあらゆる事物をその上にのせているように、菩薩たちの心は、浄らかとか汚いとか、好きとか嫌いとか、区別したりしないからです。

菩薩たちは、清浄な水にたとえられます。なぜならば、清浄な水が塵や芥をはじめ、もろもろの汚れをきれいに洗い流すように、人々の煩悩をきれいに洗い流すからです。

菩薩たちは、火の王にたとえられます。なぜならば、火の王がありとあらゆる事物を焼き尽くすように、ありとあらゆる煩悩という薪を焼き尽くすからです。

菩薩たちは、大風にたとえられます。なぜならば、大風がもろもろの世界を自在に吹きとおすように、もろもろの世界を自在に訪れることができるからです。

菩薩たちは、虚空にたとえられます。なぜならば、虚空がありとあらゆる存在に執着しないように、ありとあらゆる存在に執着しないからです。

菩薩たちは、蓮華にたとえられます。なぜならば、蓮華がいかなる境涯においても汚染をまぬがれているように、いかなる境涯においても汚染をまぬがれているからです。

菩薩たちは、悟りへと運ぶ巨大な乗り物にたとえられます。なぜならば、悟りへと運ぶ巨大な乗り物が生きとし生けるものすべてを満載して、生死の苦しみから解き放つように、生きとし生けるものすべてを満載して、生死の苦しみから解き放つからです。

菩薩たちは、巨大な積乱雲にたとえられます。なぜならば、巨大な積乱雲が雷鳴をとどろかせるように、大いなる真理の雷鳴をとどろかせ、迷える人々を目覚めさせるからです。

菩薩たちは、大雨にたとえられます。なぜならば、大雨が動植物を潤すように、甘露の法を雨のように降らせて、生きとし生けるものを潤すからです。

菩薩たちは、須弥山世界の外縁にそびえる金剛鉄囲山にたとえられます。なぜならば、誰も動かせない金剛鉄囲山が世界を侵入者から守っているように、いかなる魔や外道《げどう》も動かせないからです。

菩薩たちは、梵天王にたとえられます。なぜならば、梵天王がもろもろの善なる領域において最高位にあるように、もろもろの善なる領域において最高位にあるからです。

菩薩たちは、尼拘類樹《にくるいじゅ》（バンヤン樹）にたとえられます。なぜならば、尼拘類樹が高くそびえ、枝葉を茂らせて人々を炎天から守るように、ありとあらゆる存在をおおい尽くして、苦難から守るからです。

菩薩たちは、優曇鉢華《うどんばけ》（ウドゥンバラ）にたとえられます。なぜならば、優曇鉢華は三千年に一度しか開花しないので、開花に出会える機会はまことに稀有なように、菩薩たちにお会いできる機会もまことに稀有だからです。

菩薩たちは、金翅鳥《こんじちょう》（ガルーダ）にたとえられます。なぜならば、金翅鳥が敵対する龍を退治するように、外道を威伏させるからです。

菩薩たちは、小鳥たちにたとえられます。なぜならば、小鳥たちがとりあえず必要な食物だけ食べて、欲張って貯蔵しないように、なにかを蓄えるということをしないからです。

菩薩たちは、牛の王にたとえられます。なぜならば、牛の王は強い力の持ち主で、誰もかなわないように、菩薩たちには誰もかなわないからです。

菩薩たちは、象の王にたとえられます。なぜならば、象の王がみずからの心身をよく制御し、敵対する者を教化して善に向かわせるように、みずからの心身をよく制御し、敵対する者を教化して善に向かわせるからです。

菩薩たちは、獅子の王にたとえられます。なぜならば、獅子の王がなにものにも恐れをいだかないように、なにものにも恐れをいだかないからです。

菩薩たちの度量の広大なことは、虚空にたとえられます。なぜならば、虚空が広大無辺であるように、全存在に対して、大いなる慈悲を等しくあたえるからです。

また、菩薩たちは嫉妬心を粉々に打ち砕いて、滅し尽くしています。なぜならば、自分よりもすぐれた者がいるとしても、その者を憎む心がないからです。

ひたすら正しい教えを求めて、飽きることがありません。常に無量寿仏の教えを広めようとつとめていて、その志が疲れたり倦むことはありません。真理の太鼓を叩き鳴らし、真理の旗指物を立て、智恵の太陽を輝かし、心を惑わす迷いの闇を除去します。

身体活動を互いに敬いあい、言語活動を互いに敬いあい、認識活動を互いに敬いあい、戒律順守を互いに敬いあい、正しい見解を互いに敬いあい、利他の活動を互いに敬いあいます。

いつも人々に無量寿仏の教えを説き、勇気凛々として努力し、ひるむことがありません。

世を照らす燈明となり、最もすぐれた福徳の提供者でもあります。

常に指導者として誰にも平等に接し、愛憎とは縁がありません。

もっぱら正しい道を歩むことだけが望みなので、他に喜びを求めたり憂いたりしません。

人々からさまざまな欲望の棘を抜いて、かれらを安らかな状態にします。

功徳も智恵も、ことのほかすぐれているので、誰からも尊敬されます。

貪欲と怒りと愚かさという三つの毒がもたらす障害を滅して、さまざまな神通力を自在に駆使します。

さらに、菩薩たちは以下にあげる力をすべてそなえています。すなわち、過去世における善行によって得られた力（因力）、現世において仏菩薩などのすぐれた指導者と縁をもつ力（縁力）、大乗仏教の真理を聴聞して理解できる力（意力）、仏になるために悟りを開きたいと願いつづける力（願力）、悟りを開くための手段として修行を継続できる力（方便《ほうべん》力）、倦まずたゆまず修行を継続できる力（常力）、悪を離れもっぱら善をなす力（善力）、瞑想中に心を乱されない力（定《じょう》力）、正しい智恵がもたらす力（恵力）多種多様の教えを正しく理解できる力（多聞《たもん》力）。完璧な施しや恵み、戒律の完璧な順守、完璧な忍耐、完璧な努力、完璧な心の統一、完璧な智恵という六種類の完成（六波羅蜜）。世界中どこでも透視できる天眼通、自分と他人の過去世を知る宿命通、煩悩を断絶して悟りを得る漏尽通、空中飛行できる神足通、世界中の声を聞ける天耳通、他人の心中を知る他心通という六種類の神通力。自分と他人の過去世を知る宿住智証明、生きとし生けるものの未来の生死を知る死生智証明、仏法の真理を知り煩悩を断絶する漏尽智証明という三つの智恵をきわめる力（三明《さんみょう》）。仏の教えによって、もろもろの生きとし生けるものを正しい方向へ導く力。これらの力を、すべてそなえているのです。

さらに、菩薩たちは、身体の色彩、容姿容貌、功徳、弁舌の力を、最高の次元で具備していて、並ぶものがありません。数限りない仏に敬意をささげ供養して、もろもろの仏から称賛されています。菩薩として獲得すべき六神通も三明もすべてきわめ、この世のありとあらゆる存在は実体がないと見抜く空の境地、この世のありとあらゆる存在は仏の眼から見ればみな平等でなんら差別がないと見抜く無相の境地、救われたいとか悟りを開きたいという願いをすべて捨て去ってしまう無願の境地を、三つとも成就しています。また、さまざまな瞑想を実践することで、もろもろの事象は、原因（因）と補助因（縁）によって存在しているにすぎず、実体はないので、生じることもなければ滅することもない（不生不滅）などと正しく認識しています。このようにして、菩薩たちは声聞や縁覚の境地とは隔絶した次元に到達しているのです。

阿難さん、無量寿仏の浄土に往生した菩薩たちは、以上のような、無量の功徳を成就しています。わたしはあなたのために、そのほんの一部を説いただけであり、もし全部を説こうとするならば、百千万劫の時間をかけても、説き尽くすことはできません。

(6) 三毒ならびに五悪の苦しみをいましめ、浄土を眼前に見せて信仰心をはぐくむ

無量寿仏は、弥勒菩薩をはじめ、あまたの神々や人々に、こうおっしゃいました。

「無量寿国に生まれた声聞や菩薩たちの功徳や智恵については、言葉で説明するまでもありません。また、無量寿仏の浄土が想像を絶するほどすばらしく、幸せなところであり、清浄なことはすでに述べたとおりです。ですから、そこへ往生しようと願うのであれば、なぜ、つとめて善をなそうと

しないのですか。無量寿仏の浄土へ往生しようと願えば、無量寿仏の浄土はその人の眼前におのずからあらわれます。無量寿仏の浄土では、この人が上であの人は下というような分け隔てはなく、どこにもどこまでも限界がありません。

したがって、おのおのが積極的に修行に励み、努力して、自分自身の手で無量寿仏の浄土に往生しようとつとめなさい。そうすれば、輪廻転生を完全に超越して、幸福ある国に往生できます。すなわち、無量寿仏の浄土に往生できたならば、地獄界や餓鬼界や畜生界や人界や天界という五つの悪しき境涯は横ざまに断ち切られ、これら五つの悪しき境涯がおのずから閉ざされるのです。そして無量寿仏の浄土で、完全な悟りへと向かう道を限りなく昇ることができるのです。

無量寿仏の浄土へと向かう道は行きやすいのですが、行きつく人はいません。無量寿仏の浄土には心に逆らうものは何もなく、ごく自然に連れていってもらえるのです。それなのに、なぜ、世俗の行為を捨て去って、無量寿仏の浄土へと向かう道を求めようとしないのですか。無量寿仏の浄土へ往生できれば、信じられないほどの長寿と楽しみを得られるのです。

〔三毒段〕貪欲がもたらす苦しみ

ところが、現世の人々は浅はかで、どうでも良いことで争いあっています。生苦《しょうく》（生まれいずる苦しみ）・老苦（年老いる苦しみ）・病苦（病の苦しみ）・死苦（死ぬ苦しみ）・愛別離苦《あいべつりく》（愛するものと別れなければならない苦）・怨憎会苦《おんぞうえく》（憎むものと会わなければならない苦）・求不得苦《ぐふとくく》（求めるものを得られない苦）・五盛陰苦《ごじょうおんく》（世界を構成する五蘊《ごうん》に執着していることから生じる苦）という四苦八苦《しくはっく》の世の中に身を置いて、日常生活を維持するためにあくせく働き、なんとか生計を立てて暮らしています。身分が高かろうが低かろうが、貧しかろうが豊かろうが、老若男女を問わず、金銭や財貨に憂き身を費やしています。

　金銭や財貨のある者も無い者も、この点ではまったく同じで、心配ばかりしています。不安に駆り立てられては愁い苦しみ、心配に心配が重なり、どうして良いのかわからないと悩みつづけ、こんな心に追い回されて、胸のうちが片時も休まりません。

　田があればあったで田が心配になり、家があればあったで家が心配になり、牛や馬や犬や羊や豚や鶏がいればいたで、それもまた心配の種になります。奴婢があれば奴婢が、財産があれば財産が、心配になります。衣食も家財道具も、心配が尽きません。心配を重ね、ため息ばかりつき、憂鬱になり、愁い、おののきます。

　横合いからいきなり水害や火災に遭遇し、盗賊に襲われ、仇敵や債権者から責め立てられ、貯め込んでいた財物を焼かれたり、流されたり、強奪されたりして、すべて雲散霧消してしまいます。憂いという毒に、いつもおののかされっ放しです。胸中の怒りを抑えきれず、懊悩《おうのう》から離れられず、精神は硬直し、心はかたくなになるばかりで、気分は一向に晴れません。

　災難に身を砕かれて生命が尽きれば、財物をあの世にもっていけるはずもなく、寿命が尽き、身体が死んで後は、孤独にさいなまれます。このような災いを、高貴な身分の人も、金満家も、まぬがれません。憂いや怖れが連続して襲ってきて、苦しみ続けるのです。苦しみのあまり、肝を冷やし、身に悪い汗をかき、心身ともにもろもろの痛みから逃れられません。

身分の低い人は貧窮し、困り果て、いつまでたっても財物とは縁がありません。田がなければ田が欲しいと願い、家がなければないで心配になり、牛や馬や犬や羊や豚や鶏がいなければそれもまた心配の種になります。奴婢がなければないで、財産がなければないで、衣食も家財道具もなければないで、心配になり、欲しいと思います。

たまたま何か一つが手に入ると、何か一つを失い、これがあれば、あれを失うようなことを繰り返しているので、せめて他人並みにもっていたいと思っています。たまたま欲しかった物が得られたかと思うと、すぐに雲散霧消してしまいます。このように憂い悩んで、なんとか手に入れようと努力しますが、思うようになりません。いろいろ考えても役に立たず、心身ともに疲れ果てて、立ち居振る舞いに支障をきたします。悩みが積もり積もって、このように苦しみつづけるばかりです。

また、苦しみのあまり、肝を冷やし、身に悪い汗をかき、心身ともにもろもろの痛みから逃れられません。ときには、これらが原因となって、命を失います。このような人は、善行をおこなわず、仏道に帰依せず、功徳を積まなかったために、寿命が尽き、身体が死んで後は、たった独りで遠くに去り行くしかありません。

死後はどこか良いところに行きたいと思っていても、どの道が善でどの道が悪か、よくわきまえている人は、誰一人としていません。

怒りがもたらす苦しみ

世間の人々よ、父子、兄弟姉妹、夫婦、家族、親族ともども、お互いに敬愛しあいなさい。憎んだり、妬んだりしてはなりません。持てる者と持たざる者は、生きていくうえで必要な物品や金銭を惜しみなく融通しあいなさい。貪ってはなりません。言葉と態度が相手の心を傷つけるようなことがあってはなりません。

そうはいっても、争う心が生まれて、怒りにかられると、恨みが生じます。その恨みは、現世ではまだわずかであっても、来世ではどんどん増大して、大きな恨みに成長してしまいます。それはなぜか、説明しましょう。お互いに害をおよぼすような出来事が現世で起こった場合、すぐに破綻をきたすことはなくても、心中に毒薬のような憎しみや怒りが生まれてはぐくまれ、自身がそれと気付かないうちに、自然に刻み込まれてしまい、そうなるともはや消すことができなくなります。そして、死後において、二人は同じ世界に再生して、報復しあうことになるからです。

人というものは、生まれて来るときも独り、死ぬときも独りです。独りで去り、また独りで生まれて来ます。行為の善悪によって、不幸になることもあれば、幸福になることもあります。幸不幸はすべてその人自身によるのであり、代わりに受けてくれる者は誰もいません。善の行為と悪の行為からもたらされる幸不幸は、それぞれ別々の場所で待ち受けています。しかも、それらの報いはあらかじめ厳然として、報いを受ける人を待っていて、人は誰しもたった独りでそこに行くしかないのです。このように、誰もが遠く離れた場所に行くことになるので、生前親しかった者同士でも、再び出会うことはかないません。

こうなるのも、善の行為と悪の行為が、必然的に幸不幸の報いをもたらすからなのです。それぞれが、遠くて暗い別々の場所に行くしかないのですから、いつまでも離れ離れになったままです。行く道が同じではないのですから、再び出会うことはありえません。なんとか会いたいと努力しても、その願いはとうていかないません。再び会えるはずがないのです。

したがって、なぜ、まだ元気なうちに、俗事にばかりかかわっていないで、つとめて善の行為を実践し、悟りの世界へおもむこうとしないのですか。今こそ、絶大な長寿を得られる格好の時節なのです。それなのに、どうして、道を求めようとしないのですか。現世のどこに、頼みになるものがあるというのですか。どのような楽しみが欲しいというのですか。

愚かさがもたらす苦しみ

以上のような世間の人々は、善をおこなうから善が得られ、正しい道を歩むから正しい道が得られるという因果関係を信じようとしません。人というものは、死ねばまた生まれ変わり、あたえるならば福徳を得られるという因果関係を信じようとしません。善にかかわること悪にかかわることも、まったく信じようとしません。そんなことはありえないと思い込んでいて、かたくなに認めようとしません。

このように、因果関係を信じようとしない自分たちこそ、正しいと考えているのです。先に生まれた者も後に生まれた者も、この点ではなにも変わりません。子は父から教えられたとおりに、受け継いでいきます。ご先祖も、祖父も、もとより善をおこなわず、正しい生き方と縁がなかったせいで、子孫たちは、ひどい目にあいます。身の処し方は愚かで、精神は迷妄におおわれ、心はかたく閉ざされ、死んでからどこに生まれ変わるかを知りません。自分では善悪を見極められず、それを教えてくれる人もいません。ですから、吉凶や禍福につぎつぎ遭遇しても、それが善と悪の因果関係に由来しているのではないか、と疑うことすらできません。

生まれた者は必ず死ぬという原則は、絶えることなく子々孫々におよびます。父が子を失って泣き、子が父を失って泣きます。それは兄弟姉妹も夫婦も同じです。年下の者が年上の者に先立つというのも、この世は無常を根本としているのですから、よくあります。あらゆる事物は過去へと過ぎ去り、変わらぬものは何一つありません。この道理を教えさとしても、信じる人はごく僅かしかいません。ゆえに、生死の流転はいつまでもつづいて、休むことがないのです。

このような人々は、迷妄にくらまされて、何が正しく何が間違っているか判断できず、経典に説かれている真理を信じられません。遠く思いを馳せることができず、目の前の快楽ばかり追い求めています。愛欲に惑い迷わされて、正しい道にたどり着けません。怒りに身をゆだね、財物や色欲を餓狼のように貪り求めています。その結果、正しい道から逸脱し、悪しき境涯に堕ちて苦しみ、生死の流転を延々と繰り返すのです。実に哀れで、実に傷ましいことです。

あるときは、家族のうち、父と子、兄弟姉妹、夫妻の、どちらか一方が死に、一方が生き残ったために、互いに悲嘆にくれ、故人を愛惜します。身は憂いに閉ざされ、心は痛みをおぼえて、亡くなった人を恋い慕います。日を追い、年をへても、そんな想いがいつまでもつづきます。正しい道をいくら教えても、心を開こうとしません。亡くなった人のことばかり脳裏に浮かんで、情欲の虜になっています。救いようのない状態に落ち込んだまま、惑いと迷いが心を覆い尽くしています。

このような人は、思いを深くいたし、熟慮を重ねることができません。心を正しい状態にたもち、ひたすら正しい道を歩み、世俗のいとなみを決然として断つことができません。そうこうしているうちに、人生の終わりがやってきます。寿命が尽き果ててしまえば、正しい道を歩むことは不可能です。こうなっては、もはやどうすることもできないのです。

世の中は乱れ、その乱れにそそのかされて、人々はみな愛欲を貪っています。道をあやまる者は多く、それを自覚できる者は稀です。世間は忙しすぎて、信頼に足る者はいません。身分の高い者も卑しい者も、貧しい者も富める者も、高貴な者も卑賤な者も、俗世を生き抜くために苦労し、またあくせくするばかりで、なんなら人を殺してもかまわないという毒を心に秘めています。殺伐とした気配が心の闇にただよっていて、成算があろうとなかろうと、なにか事を起こしてやろうとしています。

天地の道理にそむき、人心にかなわなければ、当然のように、非行や悪業がなされ、さらにほしいままに悪事を重ね、ついにはその罪が行きつくところまで行きつくしかなくなります。そうなると、本来であればまだ寿命が尽き果てていないはずなのに、またたくまに命を失い、悪しき境涯に堕ちて、苦しみに満ちた生を限りなく繰り返すことになります。悪しき境涯をあちこち転々として、数千億劫ものあいだ、出られません。その苦しみは、言葉では表現できません。まことに哀れむべきことです」

釈迦牟尼仏は、弥勒菩薩をはじめ、神々や人々に、こうおっしゃいました。

「わたしはここまで世間の実像を語ってきました。このような事情なので、世間の人々は正しい道を得られないのです。よくよく考えて、悪という悪すべてから、遠く離れなければなりません。善の道を選びとり、つとめて実践しなさい。愛欲も栄華も、長続きはしません。ですから、執着してはいけません。世間に享受すべきものは、なにもありません。仏が在世している今という時節に、精進努力しなさい。

心の底から安楽国に生まれたいと願うのであれば、その人の智恵は最高の次元に達し、功徳は滅多にないほどの高みに至るでしょう。感情に左右されて、経典に説かれている戒律にしたがうことをなし、他の人に後れをとるようなことがあってはなりません。もし、疑問が生まれ、経典を理解できない者は、わたしに質問しなさい。必ず、その質問に答えます」

弥勒菩薩は釈迦牟尼仏の前にひれ伏して、こう申し上げました。

「釈迦牟尼仏の威厳はまことにうるわしく、お説きになった教えは、わたしたちの心に快く響いて、善に導いてくださいました。説法をお聞きして、つらつら考えてみますと、世間の人々の実情は、まったくおっしゃるとおりです。

たった今、釈迦牟尼仏は、わたしたちを慈しみ憐れむゆえに、悟りへと至る大いなる道を明らかにしてくださいました。わたしは目も耳もともに開かれ、苦しみから永遠に解き放たれました。釈迦牟尼仏の説法を聞いて、歓喜しない者はありません。神々や人間はもとより、蚯蚓《みみず》や螻蛄《おけら》の類まで、世尊の慈恩をこうむり、みな憂いや苦しみから解き放たれました。

釈迦牟尼仏がお説きになった教えは、とても深く、とてもすぐれています。釈迦牟尼仏の智恵は、聡明きわまりなく、全宇宙空間の過去と現在と未来にわたる事象すべてを、究明し尽くしています。今、わたしたちがありとあらゆる苦しみから解き放たれたのは、釈迦牟尼仏が前世において、正しい道をお求めになったときに体験されたご苦労のおかげにほかなりません。その恩徳は生きとし生けるものにあまねく及び、慈悲の福徳は高山のようにそびえたち、その光明は全宇宙をくまなく照らしています。

この世の全存在は現象のみで実在していないという空の真理をきわめ、涅槃へ至る道を開いて、人々を招き入れました。経典を教授し、威光をもって邪悪な見解を消去し、全宇宙の生きとし生けるものすべてを、限りなく感動させるのです。

釈迦牟尼仏は真理の王であり、その尊さはありとあらゆる聖者たちを超越しています。すべての神々、すべての人々の指導者となって、おのおのが心に願うことにこたえて、正しい道に導きいれます。

わたしたちは今、釈迦牟尼仏にお会いし、また無量寿仏を称賛する声をお聞きして、一人残らず、歓喜にむせびました。心が明るく開ける気がいたします」

釈迦牟尼仏は弥勒菩薩に、こうおっしゃいました。

「あなたが言うことは、まさにそのとおりです。仏陀《ぶっだ》を敬愛することは、まことに善いことです。なぜならば、再び仏陀がこの世に出現するまでに、膨大な時間が過ぎ去る必要があるからです。

わたしはこの世において仏陀となり、真理の法を説法し、正しい教えを宣布し、さまざまな疑いの網を断ち切り、愛欲の根源を抜き去り、あらゆる悪の源泉をふさぎました。欲界と色界と無色界を、なにものにも捉われず、自在に歩きまわります。

経典に説かれている智恵は、すべての仏道にとって、最も重要です。今、わたしが説いている経典が、ありとあらゆる教えの大綱であることに、疑いの余地はありません。地獄界と餓鬼界と畜生界と人界と天界という五つの世界がいかに悪しき境涯か、開示したうえで、いまだ悟りに至らない者を悟りに至らせ、生死の世界と涅槃の世界がいかに異なるか、はっきり示したのです。

弥勒菩薩さん、よく覚えておきなさい。あなたは想像も絶するほど遠い過去からずっと、菩薩として実践すべき修行を実践し、永劫にわたって、生きとし生けるものすべてを救おうとしてきました。あなたの指導を得て、正しい道を歩み、涅槃に至った者の数は計り知れません。

しかし、あなたはもとより、全宇宙の神々や人々、男性の出家修行者、女性の出家修行者、男女の在家信者たちが、永劫の過去から、地獄界と餓鬼界と畜生界と人界と天界という五つの悪しき境涯をさまよいつづけて、憂い苦しんできたことは、いまさら詳しく言及するまでもありません。かれらは、今生でも、生死の苦しみから解き放たれていません。

ところが、あなたは仏陀であるわたしと出会って説法を聞き、またまた無量寿仏のことを聞く機会を得ました。これはすばらしいことであり、これほど善いことは他にありません。

では、あなたを助けて、喜ばせてあげましょう。まず、生死老病の痛み苦しみを、あなた自身が、この場において、心の底から「嫌だ！」と思いなさい。この世間は、悪がいたるところにはびこっていて、不浄であり、楽しむべきものは何もありません。

ですから、みずから覚悟を決めなさい。身を正しくし、行いを正しくし、以前にも増してもろもろの善をおこない、自身を制御して身体を清らかにし、心の垢を洗い流し、言葉と行動を一致させ、裏表のない人になりなさい。

人はみずからをすすんで完成に導き、よりいっそう生きとし生けるものを救いなさい。真心を込めて願いを立て、善の根本となる行為を積み重ねなさい。そうすれば、生涯にわたって苦労がつづくかもしれませんが、寿命を終えれば、またたく間に無量寿仏の国土に生まれます。そして、限りない快適さを享受し、仏教の功徳をいつまでも体得し、生死の繰り返しをその根本から離脱して、貪りや怒りや愚かさという苦悩から解き放たれるでしょう。もし、寿命を一劫、百劫、千万億劫まで永らえさせたいのであれば、思いのままになるでしょう。

浄土は無為自然、つまり実体として存在するのではなく、形のない悟りの境地を仮に具象化した姿であり、涅槃に至る道につながっています。ですから、あなたがたは一人一人、よく精進して、おのおの願いを実現するようにつとめなさい。疑惑を生じたり、途中で修行を放棄したりして、みずからあやまちを犯すならば、浄土の辺地にある七宝造りの疑城《ぎじょう》胎宮《たいぐう》に生まれ、五百年にわたり、蓮華に包まれたままになり、無量寿仏のお姿を拝めない、説法を聞けないなど、さまざまな災厄を受けるでしょう」

弥勒菩薩は釈迦牟尼仏に、こう申し上げました。

「わたしは釈迦牟尼仏から、丁重に教えさとしていただきました。ひたすら修行し学習し、教えのとおりに努力いたします。疑問の生じる余地はもはやございません」。

〔五悪段〕

釈迦牟尼仏は弥勒菩薩に、こうおっしゃいました。

「あなたがたが、この世において、心を正しくたもち、もろもろの悪をなさないならば、それだけでとても善いことといえます。そのような人は、全宇宙に比類ないでしょう。なぜならば、諸仏の国土の神々と人々は、教えられるまでもなく、善行を実践し、大きな悪事をなさないので、悟りへと導くのは容易だからです。

ところが、わたしはこの世において仏と成りながら、生きとし生けるものが、殺生《せっしょう》と偸盗《ちゅうとう》と邪淫《じゃいん》と妄語《もうご》と飲酒《おんじゅ》という五つの悪を犯し、五つの悪を犯したことによって現世で五つの罰を受け、現世で五つの悪を犯したことによって来世で五つの苦しみを受けるのを、目の当たりにし、また予感して、とても酷い苦痛を味わっています。そこで、生きとし生けるものを教化して、五つの悪を捨てさせ、現世における五つの罰をまぬがれさせ、来世における五つの苦しみを離れさせ、悪い心を克服させて、五つの善をおこなわせ、福徳と悟りと長寿と涅槃へと至る道を得させたいと思っています」

釈迦牟尼仏は、こうもおっしゃいました。

「五つの悪とは何か。現世における五つの罰とは何か。来世における五つの罰とは何か。どうすれば、五つの悪を消し去り、五つの善をたもち、福徳と悟りと長寿と涅槃へと至る道を得られるか。それを教えましょう」

第一の悪

釈迦牟尼仏は、こうおっしゃいました。

「第一の悪とは、こういう悪です。

神々や人間はもとより、蚯蚓《みみず》や螻蛄《おけら》の類までが、さまざまな悪を犯そうとしています。これには例外がありません。強い者が弱い者を屈服させ、互いに残虐に殺し合い、相手を呑み込もうとしています。善をおこなおうとせず、悪逆無道を欲しいままにして、ついには災難に遭遇します。これはごく自然な成り行きです。なぜならば、天地の神々は、誰がどのような悪事を犯したか、きちんと記録していて、犯罪者をけっして許さないからです。

したがって、その報いとして、貧しくなったり、最低の身分となったり、乞食となったり、孤独になったり、耳が聞こえなくなったり、目が見えなくなったり、聾唖となったり、愚かとなったり、人格に問題が生じたりします。さらに、傴僂《せむし》になったり、気が狂ったり、とんでもない愚者になったりします。

ところが、悪を犯したにもかかわらず、尊貴な身分になったり、すぐれた才能を発揮したり、とても明敏な頭脳の持ち主だったりします。それは、かれらが前世において、親に孝行を尽くし、子を慈しんだりして、善をおこない、徳を積んだ結果なのです。

現世には、俗世を統治する王法によって設置された牢獄がありますが、人々は軽視して、悪事をなし、罪人となって処罰されます。牢獄から出たいと願っても、かないません。悪行の報いは、なにも来世を待つまでもなく、俗世間で実現するのです。その事実は、あなたがたも自分の目で確かめられます。

寿命が尽きてから、後世で受ける苦しみは、現世で受ける苦しみよりもっと深刻で、もっと激烈です。地獄界や餓鬼界や畜生界のような、暗黒の境涯に生まれ変わることは、王法によって定められた極刑に処せられ、苦痛のきわみを体験するのにたとえられます。

当然の報いとして、地獄界や餓鬼界や畜生界に生まれて、限りない苦悩を体験し、姿かたちをつぎつぎに変えて、地獄界と餓鬼界と畜生界と修羅界と人界と天界の六つの境涯を、行きつ戻りつするのです。その間、あたえられる寿命は、長くなることもあれば、短くなることもあります。輪廻転生の主体となる霊魂あるいは意識体も、それに連れて、六つの境涯を行きつ戻りつします。

悪しき境涯には、たった独りで生まれる場合もあれば、現世で憎みあっていた者といっしょに生まれる場合もあります。そうなると、互いに報復を延々と繰り返し、いつまでたっても終わりません。悪しき業《ごう》がまだ尽きていないので、互いに離れられないのです。悪しき境涯を行きつ戻りつするばかりで、けっして出られないので、苦の境涯から脱出するのはすこぶる困難です。その苦痛は、言葉ではとうてい表現できません。

天地の間には、必然的な道理があります。善悪の道がもたらす報いは、すぐに実現するとは限りませんが、いつかは必ず実現します。

以上が第一の大悪、現世における第一の苦、後世における第一の苦なのです。このように、耐えがたい苦痛にさらされるのです。それをたとえるならば、大火災のさなかに自分の身体を焼かれるようなものです。

しかし、もし人が、汚れに汚れた世間にいながら、覚悟を決めて、身を正しくし、行いを正しくし、独りでもろもろの善をおこない、さまざまな悪をはたらかないならば、その人だけは苦の境涯から脱出し、福徳や修行の完成や天上界の再生や涅槃へと至る道を得るでしょう。以上が第一の大善です」

第二の悪

釈迦牟尼仏は、こうおっしゃいました。

「第二の悪とは、こういう悪です。

世間の父と子、兄弟姉妹、家族、夫妻が、そろいもそろって人倫の道を守らず、世俗を律する法に従わず、おごり高ぶり、性欲をほしいままにし、だらしなく、自分さえよければかまわないと考えて、身勝手に行動し、お互いを欺き惑わそうとします。心にもないことを口に出し、嘘ばかりつきます。心に悪意をいだき、誠実さとまったく縁がなく、言葉巧みに媚びへつらい、賢者を妬み、善人を誹謗して、無実の罪に陥れます。

明敏とはいえない君主が、臣下を任命すれば、その臣下は法を無視しいろいろな手段を使って詐欺的な行為を働きます。こういう臣下に限って、君主におもねり、要領よく行動して、自分の地位が危うくならないようにつとめます。君主の地位にある者が、人倫の道を正しく歩まなければ、佞《ねい》臣《しん》に欺かれて、忠臣を失い、天命にそむくことになります。

このように、臣下がその君主を欺き、子がその父を欺きます。兄弟姉妹、夫婦、内外の友人が、互いに欺きあい、たぶらかしあいます。これらはみな、おのおのが貪欲や怒りや愚かさに突き動かされて、自分だけに利益があればそれで良いと思い、さらに多くの利益を貪ろうとするから起こることです。身分が尊かろうが卑しかろうが、身分が上だろうが下だろうが、心はなにも変わりません。

その結果、家を潰し、我が身を滅ぼし、前世も後世もかえりみず、本人だけでなく、親族や友人もみな巻き込まれて滅びてしまいます。時と場合によっては、家族や知人のみならず、同郷の者たち、町や村の愚かな人々、生まれの卑しい人々までが巻き込まれて、悪事にかかわり、互いに利害を追及して、怒り、恨みあいます。また、富裕なのに吝嗇《りんしょく》で、他人に施しをするのを忌み嫌い、宝物が大好きで、もっと欲しいと貪るあまり、身も心も疲れ果てて、苦しめられます。

生涯をこのように送って、寿命が尽きるころともなれば、頼りになるものは何一つありません。独りで生まれてきて、独りで去っていくしかないという、絶対の孤独に陥るのです。

そして死ねば、生前の行為の善悪に起因する禍福だけが、その人にもたらされます。ある者は幸福なところに生まれ、ある者は苦痛ばかりのところに生まれます。苦痛ばかりのところに生まれてから後悔しても、もう遅すぎます。

世間の人々は、愚かな心しかもたず、智恵に乏しいので、善人に出会うと憎んだり誹謗したりして、親しくしようとは夢にも思いません。ただひたすら悪をなそうと考えて、みだりに法にそむきます。心の中ではいつも何かを盗んでやろうと思っていて、他人に利益があると、うらやんで、騙し取ろうとします。せっかくそのようにして手に入れた財物も、すぐに失われてしまい、そうなるとまた欲しくなります。

邪な心をいだいて、正しいことをしていないので、他人の顔色をうかがってばかりいます。そういうことをすれば、どうなるか、あらかじめ想像することができないので、事が終わってから後悔します。

このような人のために、現世では王法が定めた牢獄があります。罪の軽重に応じて収監され、苦痛に満ちた刑罰を受けます。

前世において、仏教が説く正しい身の処し方を信じなかったので、いままた現世において悪をおこなったのです。天の神々はその罪をよく知っていて、その人の名を克明に記録します。寿命が尽きると、身体から魂が出て行って、悪しき境涯に堕ちていきます。こうなると、地獄界と餓鬼界と畜生界という最悪の境涯に堕ちて、限りない苦悩を体験せざるを得ません。その中を行きつ戻りつして、幾世とも、幾劫とも、膨大な時間が過ぎ去っても、けっして出られないので、苦の境涯から脱出するのはすこぶる困難です。その苦痛は、言葉ではとても表現できません。

以上が第二の大悪、現世における第二の苦、後世における第二の苦なのです。このように、耐えがたい苦痛にさらされるのです。それをたとえるならば、大火災のさなかに自分の身体を焼かれるようなものです。

しかし、もし人が、汚れに汚れた世間にいながら、覚悟を決めて、身を正しくし、行いを正しくし、独りでもろもろの善をおこない、さまざまな悪をはたらかないならば、その人だけは苦の境涯から脱出し、福徳や修行の完成や天上界の再生や涅槃へと至る道を得るでしょう。以上が第二の大善です」

第三の悪

釈迦牟尼仏は、こうおっしゃいました。

「第三の悪とは、こういう悪です。

世間の人々は、互いに助け合い、寄り添って、天と地のあいだに生きています。現世における寿命は、そう長くはありません。しかも、上の方には賢人、富裕な者、身分の尊いもの、大富豪などがいて、下の方には貧乏人、下賤の者、能力の劣る者、愚者などがいます。

そして、貴賤上下や賢愚貧富を問わず、善とは縁がない人がいます。かれらは常に邪悪な思いをいだき、淫らなことばかり考えていて、心の中は煩悶がうずまいています。愛欲に心は乱れ、居ても立ってもいられません。ただひたすら女性と愛し合いたいと願っています。美女のなまめかしい肌を、いやらしい目で盗み見れば、卑猥な行為に我を忘れます。自分の妻を毛嫌いして、他の女性と密通しています。そんなこんなで、家財を使い尽くし、悪事を働いています。

こんな連中が徒党を組んで、騒動を引き起こしています。他家を襲って、略奪し、殺戮し、強奪するなど、道ならぬ行為におよびます。悪心をあからさまにして、他人の財貨を狙い、真面目に働こうとはしません。少しばかり財貨を手に入れると、もっと欲しくなって、また悪事をおこないます。内心は恐れおののきながらも、虚勢を張って、他人の財貨を奪いとり、妻子にあたえて養っています。

その時々の気分にまかせて遊び惚け、際限なく快楽に身をゆだねています。相手が目上だろうが目下だろうがおかまいなく、親族とも邪淫にふけるので、家族はもちろん、父方の親族も母方の親族も、困り果てています。こういう人は、王が定めた禁令を恐れていません。

このような悪は、人間はもとより鬼神が注目し、太陽や月もよく知り、神々も記録しています。したがって、地獄界と餓鬼界と畜生界という最悪の境涯に堕ちて、限りない苦悩を体験せざるを得ません。その中を行きつ戻りつして、幾世とも、幾劫とも、膨大な時間が過ぎ去っても、けっして出られないので、苦の境涯から脱出するのはすこぶる困難です。その苦痛は、言葉ではとても表現できません。

以上が第三の大悪、現世における第三の苦、後世における第三の苦なのです。このように、耐えがたい苦痛にさらされるのです。それをたとえるならば、大火災のさなかに自分の身体を焼かれるようなものです。

しかし、もし人が、汚れに汚れた世間にいながら、覚悟を決めて、身を正しくし、行いを正しくし、独りでもろもろの善をおこない、さまざまな悪をはたらかないならば、その人だけは苦の境涯から脱出し、福徳や修行の完成や天上界の再生や涅槃へと至る道を得るでしょう。以上が第三の大善です」

第四の悪

釈迦牟尼仏は、こうおっしゃいました。

「第四の悪とは、こういう悪です。

世間にはこんな人々がいます。善を積極的に実践しようと思わず、他人をそそのかして徒党を組み、もろもろの悪をなしています。二枚舌を使い、悪口を言いふらし、嘘をつき、心にもないことを話して、他人をそしったり、傷つけたり、仲違いさせたり、喧嘩させたりしています。善人を憎悪し嫉妬し、賢明な人を陥れようとしています。

夫婦はすぐそばに父母がいるのに快楽にふけって、両親に孝養を尽くそうとしません。師や年長の者をあなどり、朋友に対する信義に欠け、誠実さとは縁がありません。驕り高ぶり、自己肥大を起こして、自分は正しい道を歩んでいると思い込み、横暴で、傍若無人をきわめています。

自分が何をしているかを知るすべもないので、悪事を働いても恥じません。自分こそ最強と考えて、敬い恐れるよう、他人に強制しています。天も地も、神々も、太陽も月も恐れず、善をなそうとはまったく思いません。したがって、この人を悟りへ導くことは至難のわざです。

積極的に行動しようとはせず、それで良いといつも思っています。憂いも怖れもいだかず、つねに自信過剰気味なのです。

このような悪は、人間はもとより鬼神が注目し、太陽や月もよく知り、神々も記録しています。前世でかなり福徳をなしたので、現世ではそのとき得た僅かばかりの善が、この人を助けたり守ったりしていますが、現世で悪をおこなって福徳をすべて失えば、この人を守っていた善神たちもいなくなってしまいます。そうなると、たった独りで生きていくしかなくなり、なにも頼りになりません。寿命が尽き果てれば、生前に犯していたもろもろの悪ゆえに、当然のように、悪しき境涯に堕ちていきます。

また、その名前は神々によって記録されています。罪の咎に引きずられ、悪しき境涯に連れていかれるしかありません。罪の報いはおのずから現れ、ずっとその人から離れません。前世で犯した悪事の結果、煮えたぎる鉄の釜に入れられて、身も心も粉々に砕かれ、魂は非常な痛みに悶え苦しみます。

こうなってから後悔しても、もう追いつきません。天の道はおのずから働いて、何一つ間違いはありません。ですから、地獄界と餓鬼界と畜生界という最悪の境涯に堕ちて、限りない苦悩を体験せざるを得ません。その中を行きつ戻りつして、幾世とも、幾劫とも、膨大な時間が過ぎ去っても、けっして出られないので、苦の境涯から脱出するのはすこぶる困難です。その苦痛は、言葉ではとても表現できません。

以上を第四の大悪、現世における第四の苦、後世における第四の苦といいます。このように、耐えがたい苦痛にさらされるのです。それをたとえるならば、大火災のさなかに自分の身体を焼かれるようなものです。

しかし、もし人が、汚れに汚れた世間にいながら、覚悟を決めて、身を正しくし、行いを正しくし、独りでもろもろの善をおこない、さまざまな悪をはたらかないならば、その人だけは苦の境涯から脱出し、福徳や修行の完成や天上界の再生や涅槃へと至る道を得るでしょう。以上が第四の大善です」

第五の悪

釈迦牟尼仏は、こうおっしゃいました。

「第五の悪とは、こういう悪です。

世間にはこんな人々がいます。あちこちをうろつきまわり、怠けてばかりいます。善を積極的に実践せず、みずからの心や行動をただそうとせず、仕事にいそしもうとしません。そのために、家族や親族は飢え、寒さに震え、困り果てています。父や母がその人をたしなめようとすれば、目をつりあげて怒り、口ごたえします。荒々しい言葉を吐き、親に逆らうようすは、まるで怨敵に向かっているようです。こうなると、親にとっては、子どもなんていない方が良いという話になります。

金銭であれ物品であれ、受けとるがわと与えるがわに節度が必要です。それがなければ、誰しも気分を害して、二度とこんなことはしたくないと思ってしまいます。恩にそむき、義にたがう者には、せっかくの親切に報いようという心がありません。そのために、貧困に苦しんでいても、他人から助けてもらえません。

かれらは好き勝手に何でも他人から奪いとり、たちまち使い果たしてしまいます。そんなことを繰り返しているうちに、奪っては自分の口や腹を満たし楽しませるのが習慣になってしまいます。深酒にふけり、美食をたしなみ、飲食に節度が失われます。情欲のおもむくまま、放蕩に身をゆだねています。

これらの人々の性質は、生まれつき愚鈍なので、誰彼となく喧嘩沙汰になります。人の心情を理解できないので、無理やり押さえつけようとします。

他人が善をおこなうと、憎しみと妬みから、悪い感情をいだきます。義理にも礼儀にもまったく縁がなく、我が身をかえりみたりはしません。うぬぼれていて、自己主張ばかりするので、それは良くないから改めなさいと忠告しても、聞く耳をもちません。

父母や兄弟姉妹や妻、あるいは親族が、生活していくうえで必要な金銭や資産を十分にもっているか、それとももっていないか、考えようともしません。父母から受けた恩に報いる気もなければ、師や友人に義理立てする気もありません。心はいつも悪念に満ち、口はいつも悪意のある言葉を吐き、身はいつも悪事をおこない、善をおこなったことは一度たりともありません。

いにしえの聖者たちの教えも諸仏の教えも、信じようとしません。正しい道を実践すれば、救いを得られることを、信じようとしません。死んで後、霊魂が他の世界に転生することを、信じようとしません。善をおこなえば善がもたらされ、悪をはたらけば悪がもたらされることを、信じようとしません。

それだけではありません。阿羅漢を殺害し、修行僧たちを互いに争わせようとくわだて、父母や兄弟姉妹や親族を殺傷しようとします。そんなこんなで、父母や兄弟姉妹や妻たちも、「あんな奴は死んでほしい」と願うようになります。

以上のとおり、世間の人々の心は、みな一様に、荒れすさんでいます。愚かで、無知で、道理に暗いにもかかわらず、自分には智恵があると思い込んでいます。人間の生がどこから来て、どこへ去っていくのか、知りません。仁、すなわち他人を思いやる心をもたず、自分より優れた人の意見に従わず、天地の道理にそむき、逆らっています。それでいて、運よく幸福を得たいと、はかない期待をいだいて、長生きを望みますが、すぐさまいやおうなく死が訪れます。

誰かが、慈悲の心から教えさとし、人々に善をおこなうようにすすめ、生死も、死後に生まれる境涯も、生きているうちになした行為の善悪によって、必然的に異なるという道理を開示しても、信じようとしません。真心を込めて話しても、なんの助けにもなりません。なぜならば、かれらの心は閉ざされたままで、けっして開かれないからです。

そんな人でも、寿命が尽きようとするとき、後悔の念や恐怖の心に襲われます。これまで善をおこなわなかったのに、寿命が尽きようとするときになって初めて、「善をおこなっておけば、良かった」と後悔するのです。いまさら後悔しても、なんの役にも立ちません。

天地のあいだに、生きとし生けるものすべてが輪廻転生を繰り返す場として、地獄界と餓鬼界と畜生界と人界と天界という五つの境涯が存在することに、疑いの余地はありません。これらの境涯の範囲はまことに広くかつ深く、薄暗いところもあれば、明るいところもあります。

善悪の行為にはそれぞれにふさわしい応報があり、悪の行為には禍が、善の行為には福が、必然的にもたらされます。その際、応報を受けるのは自分自身であって、誰も代わってはくれません。

なぜならば、これが道理の必然だからです。その人が生前になした行為に応じて、懲罰がその人の霊魂の生まれ変わる場所をずっと追いかけつづけ、けっして容赦してくれません。

善人は善をおこなって、安楽な境涯から安楽な境涯へと生まれ変わり、明るい境涯から明るい境涯へと生まれ変わります。悪人は悪をはたらいて、苦難の境涯から苦難の境涯へと生まれ変わり、暗い境涯から暗い境涯へと生まれ変わります。このような真実を、いったい誰が知っているでしょうか。ただ仏のみが、知っているのです。

このような事情があるので、教えを説いてさとすのですが、信用する者は少ししかいません。その結果、五つの境涯においていつまでも生死を繰り返し、地獄界と餓鬼界と畜生界という最悪の境涯に堕ちる者があとを絶ちません。

このような世間の人々については、いくら論じても論じ尽くすのはとうてい無理です。こうして必然的に、地獄界と餓鬼界と畜生界という最悪の境涯に堕ちて、限りない苦痛を受けるのです。これら最悪の境涯を、幾世とも、幾劫とも、膨大な時間行きつ戻りつして、いつまでたっても、けっして出られないので、苦の境涯から脱出するのはすこぶる困難です。

以上を第五の大悪、現世における第五の苦、後世における第五の苦といいます。このように、耐えがたい苦痛にさらされるのです。それをたとえるならば、大火災のさなかに自分の身体を焼かれるようなものです。

しかし、もし人が、汚れに汚れた世間にいながら、覚悟を決めて、身を正しくし、行いを正しくし、言行を一致させ、行動する際は誠を尽くし、口に出したことは口に出したとおりに実行し、心と口が異ならないようにつとめ、独りでもろもろの善をおこない、さまざまな悪をはたらかないならば、その人だけは苦の境涯から脱出し、福徳や修行の完成や天上界の再生や涅槃へと至る道を得るでしょう。以上が第五の大善です」

釈迦牟尼仏は弥勒菩薩に、こうおっしゃいました。

「わたしがあなたがたに話したのは、おおむね以下のような内容でした。この世には五つの悪があって、そのせいで人々が苦しみあがいているのは、すでに述べたとおりです。五つの悪が原因となって、五つの現世の苦と五つの後世の苦が、かわるがわる生じてくるのです。もっぱらもろもろの悪をはたらいて、善根を積まないならば、誰であろうと、必然的にさまざまな悪しき境涯に堕ちてしまいます。

場合によっては、現世で生きているうちに、悪質な病気にかかり、苦痛のあまり死にたいと願っても死ねず、生き延びたいと願っても生き延びられません。このようにして、罪悪がどういう結果を招くか、人々に見せつけることもあります。そして、その身が死ぬと、生前の行為によって、地獄界と餓鬼界と畜生界という最悪の境涯に堕ち、我が身を焼き焦がされるような、限りない苦痛を受けることになるのです。

たとえ、そんな苦痛をまぬがれたとしても、膨大な時間をへてから、再び人界に生まれ変われたとしても、怨敵をつくってしまいがちです。そうなると、些細なことがきっかけとなって、ついにとても重い罪を犯すことになりかねません。

これらは、財産や女性の魅力にやたらと執着して、他人に恵みをほどこせないのが、根本的な原因です。愚劣な欲望に駆られ、感情のおもむくままに思い悩み、心身ともに煩悩にがんじがらめにされ、解き放たれるときがありません。

自分の利益だけを厚くしようとして、他人と争い、反省するいとまも見出せません。富を得て、高い身分となり、栄華を極めても、一時的に得意の絶頂に達するだけです。忍耐力に乏しく、また真面目に善をおこなおうとしないために、威勢の良いのはほんの僅かな期間にすぎず、たちまち没落してしまいます。そうなると、身体は労苦にさいなまれ、その労苦は時間の経過に連れて、ますます激烈になっていきます。

天道は摂理の網を縦横無尽に張りめぐらして、悪人を造作なく捕らえ、罰します。下界では、王法が法律の網を張りめぐらしています。このように、上下が互いに連携して、悪人を捕らえ、罰するのです。したがって、悪人は恐れおののきながら、天道の網と王法の網のなかに、入るしかないのです。その例は、古今にいくらでもあります。まことに痛ましく、悲しいかぎりです」

釈迦牟尼仏は弥勒菩薩に、こうおっしゃいました。

「世間の実相は、このようなものです。仏はこれらの者たちを哀れみ、想像を絶する神秘的な力を駆使して、もろもろの悪を粉々に砕いて滅し、生きとし生けるものすべてを善に導くのです。ですから、もし、悪をなそうとする思念を捨て去って、仏の教えや戒めを守り、正しい道を受け入れて、違反しなければ、ついに俗世を超えて、涅槃への道を歩むことができるでしょう」

釈迦牟尼仏は、こうおっしゃいました。

「あなたがたに、言っておきましょう。今、ここに集っている神々と人々、あるいはわたしが涅槃に入った後の世の人々は、仏の教えを聞き、覚え、その内容や意味をよく考えなさい。五つの悪にまみれている世において、心を正し、行為を正しなさい。君主として人民の上に立つ者は率先して善をおこない、下にいる人民を教化しなさい。人民はお互いに戒めあい、一人一人が行為を正しなさい。聖者を尊び、善人を敬い、仁慈と博愛につとめなさい。仏の説法を聞いて得た教えにそむいたり、そしったりしてはなりません。この俗世間を超えて、悟りの世界へおもむくことを求め、生死の根源を、そしてもろもろの悪の根源を、抜き去り、断ち切りなさい。そうするならば、地獄界や餓鬼界や畜生界という三つの最悪の境涯に堕ちて、限りない憂いや怖れや苦痛にさらされる可能性はなくなるでしょう。

あなたがたに、言っておきましょう。今こそ、仏道にとって徳の根本にほかならない六波羅蜜を大いに実践し、互いにいつくしみあい、恵みをほどこし、戒律を順守しなさい。忍耐し、努力し、心を一つにして智恵を働かせ、次から次へと教化につとめ、徳を積み、善行に徹しなさい。

俗世間において心を正し、認識を正し、八斎戒をおこなって心身を浄化することが一昼夜に及ぶならば、無量寿仏の国土において百年間にわたり善行を実践するよりも、はるかに多くの功徳を積めます。なぜならば、無量寿仏の国土では、努力しなくてもおのずから、誰もが楽々とさまざまな善行を実践できるうえに、俗世間ではとかく善行をさまたげる悪が、髪一本ほどもないからです。また、俗世間において善行を十日十夜にわたり実践するならば、無量寿仏の国土ではない他の仏たちの国土においてに千年間にわたり善行を実践することに、勝ります。なぜならば、他の仏たちの国土においては、善行を実践する者が多く、悪行をなす者が少ないのにくわえ、福徳がおのずから得られるので、もはや悪行をなす余地がないからです。

ただし、俗世間だけは悪がはびこっていて、福徳をおのずから得られません。したがって、あくせく働いて欲望にこたえざるを得ず、いつも互いにだましあってばかりいるので、心は倦み疲れ、身体は労苦にあえいでいます。その結果、苦しみを飲み、毒を食らうように生きています。このように、あわただしく暮らし、一日たりとて休息できません。

わたしは、あなたがたのような神々や人々の窮状を哀れんで、心を込めて教えさとし、善行を実践させるようにつとめ、その能力に応じて導き、真理を授けてきました。こうした努力によって、わたしの指導を受け入れず、従わない者は、一人もいなくなりました。そして、おのおの心の願うままに、誰もが仏道を得られるようになりました。仏が遍歴した国や街や集落は、ことごとく仏の教化を受けることとなったのです。

そのために、天下は平穏となり、太陽の光りも月の光りも明るく清らに輝き、風は吹いてほしいときに吹き、雨は降ってほしいときに降り、天変地異は起こらず、疫病は流行しなくなりました。こうして、国は富み栄え、民は安らぎ、武器をとって戦わなくなりました。人々は徳を崇め、仁につとめ、礼儀を重んじ、謙譲の心を養うようになりました」

釈迦牟尼仏は、こうおっしゃいました。

「わたしがあなたがたのような神々や人々に対していだいている哀れみの心は、父母がわが子の行く末を心配する以上のものです。わたしはこの現世において仏となり、あなたがたが現世において犯しがちな五つの悪を抑えて良い方向へ導き、五つの悪から生じる五つの苦を消し去り、後世における五つの苦を完璧に滅し、善をもって悪に戦いを挑み、生死の苦を抜き取り、不殺生と不偸盗と不邪淫と不妄語と不飲酒という五つの功徳を獲得させて、人為のはからいをもはや必要としない安らかな境地に到達できるようにさせました。

わたしがこの世を去ってから時間がたつにつれ、仏の教えは次第に滅び、人々は時流におもねり、偽りの心をいだき、再びさまざまな悪事をなすでしょう。現世における五つの苦も、後世における五つの苦も、かつてと同じようにあらわれ、しかもそれらの苦は時がたてばたつほど、ますます過酷なものになるでしょう。

これ以上、詳しく述べるいとまはないので、あなたがたのために、概略だけでも話しておくことにします」

釈迦牟尼仏は弥勒菩薩に、こうおっしゃいました。

「あなたがたは、わたしが語ったことをおのおのよく考え、飽くことなく互いに教えあい、戒めあって、仏の説いた道のとおりに進みなさい。決して道をたがえてはなりません」

仏からこう教えさとされて、弥勒菩薩は釈迦牟尼仏に合掌して、申し上げました。

「仏のお説きになった内容は、とても懇切丁寧と存じます。世間の人々の実態は、まさしくお説きになったとおりと言わざるをえません。如来はこれらの人々をあまねく慈しみ、深く哀れんで、一人残らず、救いとろうとされてきました。仏から丁重きわまりない教えをいただきましたからには、教えにそむくようなことはけっしていたしません」

釈迦牟尼仏は阿難尊者に、こうおっしゃいました。

「阿難さん、お立ちなさい。衣服を整え、合掌し、最高の敬意を込めて、無量寿仏を礼拝しなさい。なぜならば、全宇宙にありとしある国土におられる仏や如来が無量寿仏を、とらわれのない言葉で、あるいはよどみのない言葉で、つねに称揚し讃嘆しているからです」

そうさとされて、阿難尊者は立ち上がると、衣服を整え、身体を直立させ、顔を西の方角に向けて合掌し、五体を地に投げ出して、無量寿仏を拝礼し、こう申し上げました。

「世尊に申し上げます。願わくば、無量寿仏の安楽国土を拝見し、そこにおいでのもろもろの菩薩や声聞たちにお会いしたいと思います」

阿難尊者がこの言葉を申し上げるや否や、無量寿仏は大いなる光明を放って、全宇宙にありとしある諸仏の世界を、一つ残らず照らし出しました。世界の外縁にそびえる金剛鉄囲山も、山の王と呼ばれる須弥山も、その他大小さまざまの山々も、および全宇宙のありとあらゆるものも、みな等しく金色に輝きわたりました。

その様子をたとえるならば、世界が終末を迎えるとき、天から降り続き、また地から湧き出して、世界を水浸しにするという劫水のようでした。劫水がみなぎりあふれて、世界中のなにもかも水底に沈めてしまったので、水の上にはなにも見えなくなり、ただひたすら水面が果てしなく広がっているように、無量寿仏の放つ光明がなにもかも覆い尽くして、光明以外にはなにも見えなくなったのです。声聞や菩薩たちが放つ光明は、無量寿仏の放つ光明に覆い隠されてしまい、ただ無量寿仏の放つ光明だけが光り輝いているのを、ありありと見たのです。

そのとき、阿難尊者が無量寿仏を仰ぎ見ると、その威徳の立派なことは、山の王と称えられる須弥山が、ひときわ高く聳え立って、もろもろの世界の上に君臨しているかのようでした。仏の身体には三十二の特徴があるとされます。そのうちの眉間にある右巻きの白毛から放つ光明に、照らし出されないものは何一つとしてないのです。

娑婆世界で釈迦牟尼仏によって催された説法の集会に参加していた出家僧と尼僧と男女の在家信者たちは、みな同時に、浄土の無量寿仏を仰ぎ見ました。そして、無量寿仏の国にいた聖者たちもまた、娑婆世界で釈迦牟尼仏によって催された説法の集会を、ありありと見たのです。

そのとき、釈迦牟尼仏は阿難尊者と弥勒菩薩に、こうおっしゃいました。

「あなたは、無量寿仏の国を見たときに、下は地上から、上は修行を積んで煩悩を離れて清浄となった聖者だけが住んでいる浄居天《じょうごてん》に至るまでの間に、想像を絶する美麗さと荘厳さに満ち、しかも人為とは縁のないもろもろのものを、ことごとく見ましたか、それとも見ませんでしたか」

阿難尊者は、こう答えました。

「はい、そのとおりでございます。すでによく拝見いたしました」

釈迦牟尼仏は阿難尊者に、こう尋ねました。

「あなたは、さらに無量寿仏が大きな声をあげて、全宇宙に教えをひろめ、生きとし生けるものを教化されたのを聞きましたか、それとも聞きませんでしたか」

阿難尊者は、こう答えました。

「はい、そのとおりでございます。すでによく拝聴いたしました」

釈迦牟尼仏は阿難尊者に、こう尋ねました。

「無量寿仏の国に住む人々が、高さ百由旬〔約七百キロメートル〕あるいは千由旬〔約七千キロメートル〕の七宝で造られた宮殿に昇り、空中を自在に飛翔して全宇宙の至るところに出掛けていき、諸仏を供養する様子を、あなたは見ましたか、それとも見ませんでしたか」

「はい、すでによく拝見いたしました」

釈迦牟尼仏は阿難尊者に、こう尋ねました。

「無量寿仏の国に住む人々のなかに、胎生《たいしょう》の者と呼ばれる者がいるのを、あなたは見ましたか、それとも見ませんでしたか」

「はい、すでによく拝見いたしました」

釈迦牟尼仏は阿難尊者に、こうおっしゃいました。

「それら胎生の者が住んでいる宮殿の高さは、百由旬あるいは五百由旬あります。かれらはその宮殿のなかで、須弥山の頂上にある忉利天に住む者たちが享受する快楽と同じ快楽を享受していますが、これもみなおのずからそうなったのです」

すると、弥勒菩薩が釈迦牟尼仏に、こう申し上げました。

「世尊に、お尋ねいたします。どのような直接的な原因、どのような間接的な原因があって、無量寿仏の国土に住む人々に、胎生の者と化生《けしょう》の者という別があるのでしょうか」

釈迦牟尼仏は弥勒菩薩に、こうおっしゃいました。

「もし、無量寿仏の教えを完全には信じられず、疑心をいだいたまま、もろもろの功徳を積み、無量寿仏の国に生まれたいと願う者がいるとしましょう。仏力が人間の想像を絶していると知る智恵である不思議智、人間にはとうてい理解できないほどの智恵である不《ふ》可称《かしょう》智、生きとし生けるもののすべてを救いとるための智恵である大乗広《だいじょうこう》智、比較を絶する最上の智恵である無等《むとう》無倫最上《むりんさいじょう》勝智《しょう》、そしてこれらの四つの智恵を統合する仏智を、無量寿仏がすべてそなえているのを、かれらは知りません。また、これら五つの智恵に疑問をいだいていて、信じていません。しかしながら、善因善果、悪因悪果の道理を信じているので、善行を積んで、無量寿仏の国土に生まれたいと願っています。

このような人々は、無量寿仏の国の辺地にある宮殿に生まれますが、閉じた蓮華の蕾に包まれた状態で生まれるので、五百年もの間、無量寿仏のお姿を拝見できず、その説法を拝聴できず、菩薩や声聞などの聖者を目にすることもできません。そのために、無量寿仏の国土では、胎生と呼ばれるのです。

それに対し、化生と呼ばれる者は、以下に述べる者です。もし、人々が仏智をはじめ五つの智恵を信じて、もろもろの功徳を積み、確信をもって、無量寿仏の国に生まれるという願いを廻向《えこう》するならば、これらの人々は七宝で飾られた蓮華のなかに、おのずから忽然として生まれ、次いで開花した蓮華の上に両足を組んで出現するでしょう。そして、あっという間に、身体の相も、身体から放つ光明も、智恵も、功徳も、浄土に長い間いらした菩薩たちとまったく同じように、そなえることになるでしょう。

さらに、弥勒菩薩さん、他の仏国土に住む偉大な菩薩たちが、心に無量寿仏のお姿を拝見したいという願いを起こし、うやうやしく敬意をあらわして供養するだけでなく、自分がなしたのと同じことを、もろもろの菩薩や声聞にも勧めるならば、それらの菩薩たちは、寿命が尽きると、無量寿仏の国の七宝で飾られた蓮華のなかに、おのずから忽然として生まれるでしょう。

弥勒菩薩さん、よく覚えておきなさい。化生と呼ばれる者が、いま述べたように、無量寿仏の国に生まれるのは、かれらの智恵が勝れているからなのです。その反対に、胎生と呼ばれる者は、みな智恵がないので、五百年もの間、無量寿仏のお姿を拝見できず、その説法を拝聴できず、菩薩や声聞などの聖者を目にすることもできないのです。仏を供養するすべをもたず、菩薩としてなすべきことを知らず、功徳を積むこともできません。

よく覚えておきなさい。胎生と呼ばれる者は、輪廻転生をいくら繰り返しても、智恵と縁がなく、疑惑ばかりいだいてきたゆえに、必然的に胎生と呼ばれる者になってしまったのです」

釈迦牟尼仏は弥勒菩薩に、こうおっしゃいました。

「それは、以下のようにたとえられます。転輪聖王には、宮殿とは別に、七宝でつくられた宮室があります。そこはさまざまに飾り立てられています。坐臥する床には幔幕が張りめぐらされ、絹製の旗指物がいくつも掛けられています。

もし、転輪聖王のまだ幼い王子たちが罪を犯して、王から罰せられれば、王はかれらを、七宝でつくられた別の宮室に監禁して、金の鎖でつなぎます。しかし、飲食物、衣服、寝台、花々やお香、音楽などは、転輪聖王とまったく同じものが給仕され、少しも劣ったところはありません。そうなると、王子たちは心の中でどう思うでしょうか。かれらは七宝でつくられた別の宮室に入っていたいと思うでしょうか。それとも、思わないでしょうか」

弥勒菩薩は、こう答えました。

「いいえ、入っていたいとは思いません。その代わりに、さまざまな手だてをもちいて、大きな力をもつ人を捜し求め、その力で自身を七宝でつくられた宮室から出してもらおうと思うでしょう」

釈迦牟尼仏は弥勒菩薩に、こうおっしゃいました。

「これら胎生の者たちも、同じです。仏の智恵に疑惑をいだいたために、胎生の者たちを収容する宮殿に生まれ、刑罰を受けることもなければ、不快なこともまったくありませんが、五百年もの間、仏と法と僧の三宝を崇められず、諸仏を供養してもろもろの善の根本を積むこともできません。

これはまさに苦にほかなりません。それを除けば、悦楽もあるにはありますが、だからといって、そこにいつまでもいようとは願いません。

もし、これらの人々が、仏の智恵に疑惑をいだいたことが実に罪深いことだったと知り、心の底から悔い、そこから出たいと求めるならば、その願いはかなえられます。無量寿仏がいらっしゃるところにまかり出て、心から敬意をささげ、供養することができます。また、無量寿仏以外の数限りない諸仏がいらっしゃるところにまかり出て、さまざまな功徳を積むこともできます。

弥勒菩薩さん、よく覚えておきなさい。菩薩であろうとも、仏の智恵に疑惑をいだくならば、大いなる利益を失うのです。ですから、諸仏がもっておられる無上の智恵を、かたくかたく信じなければなりません」

弥勒菩薩は釈迦牟尼仏に、こう申し上げました。

「世尊、不退転の菩薩、すなわち無量寿仏の智恵を一心に信じ、寿命が尽きた後には、無量寿仏の国に生まれることができる菩薩は、この娑婆世界にはどれくらいいるのでしょうか」

釈迦牟尼仏は弥勒菩薩に、こうおっしゃいました。

「娑婆世界には、六十七億の不退転の菩薩がいて、かれらは無量寿仏の国に往生します。この菩薩たちは、その一人一人が、あなたがかつてなしたのと同じように、過去世において、数限りない諸仏を供養してきたのです。そのほか、不退転には到達していないものの、ある程度まで功徳を積んできた菩薩、および多少なりとも功徳を積んできた者たちは、あまり多くて数えきれません。かれらもみな、無量寿仏の国に往生するでしょう」

釈迦牟尼仏は弥勒菩薩に、こうおっしゃいました。

「わたしの国の菩薩たちだけが、無量寿仏の国に往生するのではありません。他の仏国土の菩薩たちも、同じように、無量寿仏の国に往生します。

第一に、遠照《おんしょう》と呼ばれる仏の国には、百八十億の菩薩たちがいて、かれらはみな無量寿仏の国に往生するでしょう。

第二に、宝蔵《ほうぞう》と呼ばれる仏の国には、九十億の菩薩たちがいて、かれらはみな無量寿仏の国に往生するでしょう。

第三に、無量音《むりょうおん》と呼ばれる仏の国には、二百二十億の菩薩たちがいて、かれらはみな無量寿仏の国に往生するでしょう。

第四に、甘露味《かんろみ》と呼ばれる仏の国には、二百五十億の菩薩たちがいて、かれらはみな無量寿仏の国に往生するでしょう。

第五に、龍勝《りゅうしょう》と呼ばれる仏の国には、十四億の菩薩たちがいて、かれらはみな無量寿仏の国に往生するでしょう。

第六に、勝力《しょうりき》と呼ばれる仏の国には、一万四千の菩薩たちがいて、かれらはみな無量寿仏の国に往生するでしょう。

第七に、師子《しし》と呼ばれる仏の国には、五百億の菩薩たちがいて、かれらはみな無量寿仏の国に往生するでしょう。

第八に、離垢光《りくこう》と呼ばれる仏の国には、八十億の菩薩たちがいて、かれらはみな無量寿仏の国に往生するでしょう。

第九に、徳首《とくしゅ》と呼ばれる仏の国には、六十億の菩薩たちがいて、かれらはみな無量寿仏の国に往生するでしょう。

第十に、妙徳山《みょうとくせん》と呼ばれる仏の国には、六十億の菩薩たちがいて、かれらはみな無量寿仏の国に往生するでしょう。

第十一に、人王《にんのう》と呼ばれる仏の国には、十億の菩薩たちがいて、かれらはみな無量寿仏の国に往生するでしょう。

第十二に、無上華《むじょうげ》と呼ばれる仏の国には、あまりに多くて、とても数えきれない菩薩たちがいます。かれらはみな不退転の境地に到達していて、智恵と勇猛さを兼ねそなえています。しかも、これまでに数限りない仏たちを供養した経歴の持ち主です。その功徳のおかげで、わずか七日で、並みの菩薩であれば、百千億劫もの間、積み重ねなければならない利他の修行を完遂しています。これらの菩薩たちも、みな無量寿仏の国に往生するでしょう。

第十三に、無畏《むい》と呼ばれる仏の国には、七百九十億の菩薩たちがいます。その他に、功徳の積み重ねが少なく、まだ不退転の境地に到達していない菩薩たち、および出家僧たちが、数えきれないくらいいます。かれらも、みな無量寿仏の国に往生するでしょう」。

釈迦牟尼仏は弥勒菩薩に、こうおっしゃいました。

「以上にあげたような、娑婆世界とあわせて十四の仏国土の菩薩たちだけが、無量寿仏の国に往生するのではありません。全宇宙に存在する数限りない仏国土の菩薩たちのうち、無量寿仏の国に往生する者たちは、またまたこのように、はなはだ多くて、とても数えきれません。全宇宙にありとしある仏たちのお名前、ならびにそれらの仏国土の菩薩たちや出家僧たちが無量寿仏の国に往生することについて、語ろうとするならば、昼夜休みなく一劫をついやしても、語り尽くせません。今は、あなたのために、そのごく一部を披露したまでです」

3　結語

（1）この経典の伝授を弥勒菩薩に委嘱する

釈迦牟尼仏は弥勒菩薩に、こうおっしゃいました。

「かの無量寿仏のお名前を聞く機会があって、喜びのあまり躍り上がり、たった一度でも心の奥底から、きよらかな思いをいだき、無量寿仏のお名前を称えるとしましょう。よく覚えておきなさい。その人は、無上の涅槃を悟ることができるのです。つまり、無上の功徳を獲得するのです。

ですから、弥勒菩薩さん。たとえ、三千大千世界が猛火に包まれようとも、その猛火を乗り超えて、この経典が説く教えを聞き、歓喜して信じ、受持し、読誦し、教えのとおりに修行しなさい。なぜならば、あまたの菩薩たちがこの経典を聞きたいと思っても、聞くことはかなわないからです。もし、生きとし生けるものたちが、この経典を聞くならば、この上ない道、すなわち仏道から退転することはもはやありません。ですから、まさに深いこころざしをもって、信受し、受持し、読誦し、解説し、修行しなさい」

釈迦牟尼仏は弥勒菩薩に、こうおっしゃいました。

「わたしは、今まさに、生きとし生けるもののために、この経典の教えを説いて、無量寿仏、およびその国土の全容を見せました。無量寿仏の国土に往生するには、どうすべきか、を説いたので、そのとおりに修行しなさい。わたしが涅槃に入った後に、疑惑を生じないようにつとめなさい。

そう遠くない将来、仏の教えは滅び去ってしまうかもしれませんが、わたしは慈しみと哀れみの心をもって、特にこの経典を百年間にわたりとどめたいと思います。ですから、この経典に出会うことができた者たちは皆、その願いどおりに、苦の世界から離脱できるでしょう」

釈迦牟尼仏は弥勒菩薩に、こうおっしゃいました。

「如来がこの世に出現する機会は得難く、実際に出会う機会はもっと得難いのです。諸仏の教えは得難く、その説法を聞くのはもっと得難いのです。菩薩が体得している勝れた真理や成就させてきたさまざまな修行について、尋ね聞く機会は得難いのです。すぐれた指導者に出会って、教えを授かり、それを実践する機会もまた得難いのです。まして、この経典が説かれるのを聞いて、心の底から信じ、喜んで受持する機会は、さらに得難く、これ以上に得難いことは他にありません。

ですから、わたしは正法を、以上のように実践し、以上のように説き、以上のように教えてきました。この機会に、まさにかたく信じ、わたしが教えさとしたとおりに、修行しなさい」

(2) 教説を聞いた大勢の者たちが得た利益

世尊がこの教えをお説きになったとき、数えきれないくらい多くの人々が、一人の例外もなく、この上ない悟りを求める心を起こしました。そのうち、一万二千 × 十の六十乗の人々が、真理を正しく認識できる清浄な智恵の眼を得て、預流果《よるか》と呼ばれる聖者の一員となりました。二十二億の神々や人民は阿那含果《あなごんか》、すなわち再び欲界に還らない聖者の境地を得ました。八十万の出家僧たちは、煩悩の汚れから完璧に解き放たれて、阿羅漢果と呼ばれる聖者の最高位に到達しました。

四十億の菩薩たちは不退転の境地に到達しました。かれらは、生きとし生けるものすべてを救うという広大な誓願を立て、その誓願どおりに修行し、さまざまな功徳を積み重ね、その功徳をもって自身を仏のように立派な姿とし、将来において必ずや最高の悟りを開くでしょう。

（3）六種類の震動ならびに人々の歓喜

そのとき、三千大千世界は六種類の震動を起こしました。そして、大光明が全宇宙にありとしある仏国土をすべて照らし出しました。百とも千とも数えきれない楽の音が、誰の手も借りずに奏でられました。美麗をきわめる花々が、数限りなく、虚空からはらはらと、降りそそぎました。

釈迦牟尼仏はこのようにしてこの経典を説き終えられましたが、弥勒菩薩はもとより、ありとあらゆるところから来ていた菩薩たちも、長老の阿難尊者などの偉大な声聞たちも、その他すべての大勢の人々も、釈迦牟尼仏がお説きになったことを聞いて、歓喜に満たされたのでした。

第II部　阿弥陀経全訳

1　序説

わたしはこのように聞いたのです。

無限の時間のなかのあるとき、釈迦牟尼仏《しゃかむにぶつ》はコーサラ国の首都であり、北インドにおいて最も繁栄していた舎衛城《しゃえいじょう》（シュラーヴァスティー）の、須達多（スダッタ）という大金持ちが「孤独な人々に食事を給するため」といって建設した祇樹給孤独園《ぎじゅきっこどくおん》（祇園精舎）という施設に、千二百五十人の出家僧たちとともに、滞在しておられました。

これらの出家僧たちはみな偉大な阿羅漢《あらかん》、つまり釈迦牟尼仏の指導を受けて修行を成就し、最高の境地に到達した聖者たちであり、世間の人々によく知られた方々ばかりでした。

その名をあげてみましょう。抜群の智恵の持ち主ゆえに「智恵第一」といわれた舎利弗《しゃりほつ》（シャーリプトラ）尊者。抜群の神通力の持ち主ゆえに「神通第一」といわれた摩訶目犍連《まかもっけんれん》（マハー・マウドガリヤーヤナ）尊者。小欲知足に徹して修行に励んだので「頭陀《ずだ》第一」といわれ、のちに釈迦牟尼が涅槃《ねはん》に入ったとき、その葬儀一切をとり仕切り、実質的に後継者となった摩訶迦葉《まかかしょう》（マハー・カーシャパ）尊者。仏教の普及に多大の功績をあげたので「論議第一」といわれた摩訶迦旃延《まかかせんねん》（マハー・カーティヤーヤナ）尊者。弁舌に特別の才能を発揮したので「問答第一」といわれた摩訶拘絺《まかくち》羅《ら》（マハー・コーシュティラ）尊者。舎利弗尊者の末弟で、困苦に耐えて瞑想修行に精進して悟りを開いた離婆多《りはた》（レーヴァタ）尊者。仏弟子の中で最も愚鈍といわれながら、清掃に徹し、ついに煩悩をすべて滅却して悟りを開いた周利槃陀伽《しゅりはんだか》（チューラパンタカ）尊者。釈迦牟尼の異母兄弟として生まれ、釈迦牟尼によく似た美貌ゆえに、愛欲に溺れがちでしたが、修行によってそれを克服したので「諸根調伏」といわれた難陀《なんだ》（ナンダ）尊者。釈迦牟尼の従兄弟で、もっとも長くお仕えし、その説法を最もよく聞き、よく記憶していたので「多聞第一」といわれた阿難《あなん》（アーナンダ）尊者。釈迦牟尼の実子として生まれ、出家後は戒律を守り行儀を正したので「密行第一」といわれた羅睺羅《らごら》（ラーフラ）尊者。早い時期に仏弟子となり、戒律の理解にすぐれていた憍梵波提《きょうぼんはだい》（ガヴァーンパティ）尊者。説法が得意で、論敵の反論を許さなかったので、「獅子吼《ししく》第一」といわれた賓頭盧《びんずる》頗羅堕《はらだ》（ピンドーラ・バーラドヴァージャ）尊者。釈迦牟尼と同じ日に生まれて仏弟子となり、あつく信頼された迦留陀夷《かるだい》（カーローダイン）尊者。天文や暦数にまつわる知識に詳しかったので「知星宿第一」といわれた摩訶劫賓那《まかこうひんな》（マハー・カッピナ）尊者。黙想を好み、小欲知足ゆえに病とは無縁で、長寿をたもったので「長寿第一」といわれた薄拘羅《はっくら》（ヴァックラ）尊者。厳しい修行で失明しながら、肉眼では見えない対象を見通す力を得たので「天眼第一」といわれた阿㝹楼駄《あぬるだ》（アニルッダ）尊者などの方々です。

さらに、大乗仏教の菩薩たちも、釈迦牟尼のおそばにひかえていました。その名をあげてみましょう。

智恵をつかさどる文殊師利法王子《もんじゅしりほうおうじ》（文殊菩薩）。未来の仏を約束されている阿逸多《あじた》菩薩（弥勒《みろく》菩薩）。はるか東方に位置する阿閦《あしゅく》如来の妙喜《みょうき》世界で修行に精進し、「尊貴第一」とされる乾陀訶提《けんだかだい》菩薩（香象《こうぞう》菩薩）。常に精進努力を欠かさなかった常精進《じょうしょうじん》菩薩などの菩薩たちです。

以上のような偉大な菩薩たち、およびインド神界における軍事部門の最高司令官であり仏法の守護神である帝釈天《たいしゃくてん》（インドラ）をはじめ、数えきれないくらい多くの神々と神々の子どもたちが、おそばにひかえていました。

2 正説

(1) 極楽の様相と聖衆について

（一）そのとき、釈迦牟尼仏は舎利弗尊者に、こうおっしゃいました。

「この娑婆世界から西の方向に向かって、十万億の仏国土を超えていったところに、極楽と呼ばれる世界があります。その国土には、阿弥陀《あみだ》と呼ばれる仏がおられます。

現時点で、その仏は実在していて、説法されています。舎利弗さん、その仏国土は、なにゆえに極楽と名付けられているのか、おわかりかな。理由は、その国土の生きとし生けるものは、何一つとして苦しみがなく、ありとあらゆる楽しみを享受できるからなのです。そこで、極楽と名付けられたのです。

また、舎利弗さん。極楽の国土には、七重の欄干《らんかん》と七重の珠玉でつくられた網と七重の並木があります。これらはみな、金と銀と瑠璃《るり》（ラピスラズリ）と水晶の四種類の宝石でできていて、国土の至るところに設けられています。そのために、この国は極楽と呼ばれるのです。

（二）また、舎利弗さん。極楽の国土には七宝、つまり金と銀と瑠璃と水晶と赤真珠と瑪瑙《めのう》と琥珀《こはく》の七種類の宝石でつくられた池があります。その中には八功徳の水、つまり清く澄み、冷涼で、甘美で、軽く軟らかく、潤沢で、安定していて、一口飲むと渇きを瞬時に癒し、飲み終わるや心身を健やかにする力を秘めている水が、満々と湛えられています。

池の底には、黄金の沙が敷き詰められています。池の四辺につくられた階段は、金と銀と瑠璃と玻璃《はり》（水晶）でつくられています。階段の上には楼閣があります。楼閣は金と銀と瑠璃と玻璃とシャコガイと赤真珠と瑪瑙で装飾されています。

池の中には蓮華があって、その大きさは車輪くらいあります。しかも、青色の蓮華からは青い光が、黄色の蓮華からは黄色の光が、赤色の蓮華からは赤色の光が、白色の蓮華からは白色の光が、それぞれ輝いています。蓮華は想像もできないほど美しく、香り高く、汚れがまったく見られません。

舎利弗さん。極楽の国土には、以上のような特徴と荘厳がすべてそなわっているのです。

また、舎利弗さん。阿弥陀仏の国土では、いつも天上界の音楽が奏でられています。大地は黄金でできています。昼に三回、夜にも三回、曼陀羅華《まんだらけ》の雨が降りそそぎます。

その仏国土の生きとし生けるものは、毎朝、花器に美麗な花々をさまざま盛り、十万億の他の仏国土をたずねて、十万億の仏を供養します。

それが済むと、昼食の時間が来る前に阿弥陀仏の国土に帰りついて、食事をとり、軽い運動をしたりします。

舎利弗さん。極楽の国土には、以上のような特徴と荘厳がすべてそなわっているのです。

次に、舎利弗さん。阿弥陀仏の国土には、さまざまな種類の稀有な、そして色とりどりの鳥たちが季節にかかわらずいつも飛びかっています。白鳥や孔雀《くじゃく》や鸚鵡《おうむ》や百舌《もず》鳥もいれば、上半身が人で下半身が鳥という姿の迦陵頻伽《かりょうびんが》もいれば、鳥の姿の身体に人の頭が二つある共命鳥《ぐみょうちょう》もいます。

これらの鳥たちは、昼に三回、夜にも三回、声を合わせてさえずります。その声は、修行者を悟りへの道に導く五つの働き（五根《ごこん》）、すなわち正しい信仰、たゆまぬ努力（精進）、正しい記憶（憶念）、瞑想、智恵を歌い上げています。同じく、悪を破って悟りへの道に導く五つの力（五力《ごりき》）、すなわち正しい信仰、たゆまぬ努力、正しい記憶、瞑想（定《じょう》）、智恵を歌い上げています。同じく、悟りの智恵を補助する七つの修行法（七菩提分《しちぼだいぶん》／七覚支《しちかくし》）、すなわち正しい記憶、教えの真偽の選択（択法《ちゃくほう》）、たゆまぬ努力、正法を得る喜び（喜）、心身の軽快さと安穏（軽安《きょうあん》）、瞑想、均等な心の維持（捨）を歌い上げています。同じく、悟りへの八つの正しい実践法（八正道《はっしょうどう》）、すなわち四諦《したい》の道理の正しい観察（正見）、執着を離れた平静な心による四諦の道理の観察（正思）、言語による虚偽と非難と中傷などの厳禁（正語）、殺生と窃盗と淫欲の厳禁（正業《しょうごう》）、身体と言語と精神の三領域の純化と規律の順守（正命《しょうみょう》）、悪意や悪行の断絶と善行の推進（正精進）、邪念の排除と正しい道の想起（正念）、精神統一と迷いのない清浄な境地の実現（正定）を歌い上げています。

極楽の国土の生きとし生けるものは、これらの鳥の声を聞くと、みなそろって、仏にひたすら思いを寄せ、法にひたすら思いを寄せ、僧たちにひたすら思いを寄せるのです。

舎利弗さん。これらの鳥たちは、過去世において犯した罪によって、畜生《ちくしょう》として生まれたと思ってはなりません。なぜか、というと、阿弥陀仏の国土には、地獄界もなければ、餓鬼《がき》界もなく、畜生界もないからです。

舎利弗さん。阿弥陀仏の国土には、そもそも地獄界という名称もなければ、餓鬼界という名称もなく、畜生界という名称もないのです。ですから、それらの名称によって指し示される実体があるはずはないのです。これらの鳥たちはすべて、阿弥陀仏がその教えを広めようと考えて、神通力によって生み出したのです。

舎利弗さん。阿弥陀仏の国土では、微風が吹きわたると、宝石の並木や宝石の網が、想像を絶するほど美しい音を奏でます。それをたとえるならば、百種類あるいは千種類の音楽を同時に奏でるようなものです。そして、この音楽を聞く者は、誰かから強制されたわけでもないのに、みなそろって、ひたすら仏を思い、ひたすら法を思い、ひたすら僧たちを思う心が生じます。

舎利弗さん。阿弥陀仏の国土には、以上のような特徴と荘厳がすべてそなわっているのです。

(三) 舎利弗さん。あなたは、阿弥陀仏がなにゆえに「阿弥陀」と呼ばれるのか、ご存じだろうか。舎利弗さん。かの仏が発する光明が無量、つまり量り知れず、全宇宙にありとしある仏国土を、なにものにもさえぎられずにすべて照らし出すゆえに、「阿弥陀（無量光）」と呼ばれるのです。

また、舎利弗さん。阿弥陀仏の寿命も、さらに阿弥陀仏の国土の人民の寿命も、無量無辺×十の百四十乗ゆえに、「阿弥陀（無量寿）」と呼ばれるのです。

舎利弗さん。阿弥陀仏は仏に成られてから現在に至るまで、十劫《こう》を経過しています。また、舎利弗さん。阿弥陀仏には、声聞《しょうもん》の弟子たちが、量り知れないほど多くいます。かれらはみな阿羅漢《あらかん》であり、その数だけでもとても数えきれません。菩薩《ぼさつ》たちについても、同じです。

舎利弗さん。阿弥陀仏の国土には、以上のような特徴と荘厳がすべてそなわっているのです。

また、舎利弗さん。極楽国土に生まれた者たちは、みなそろって不退転、つまり仏に成ることがすでに決まっていて、現在の菩薩の地位から後退しない境地に到達しています。その中の多くは一《いっ》生補処《しょうふしょ》、つまり現在の生涯を終えて、次に生まれるときは悟りを開いて仏に成れるという段階に到達しています。しかも、その数は膨大であり、とても数えきれず、無量無辺×十の百四十乗というしかありません。

（2）念仏による浄土往生について

（一）舎利弗さん。極楽の国土、阿弥陀仏、そして極楽の国土の聖者たちについて聞く機会があった者たちは、阿弥陀仏の国土に生まれたいという願を立てるべきです。なぜならば、阿弥陀仏の国土に生まれると、「倶会一処」といって、ここまで述べてきたような上善人、つまり聖者たちとお会いすることができるからです。

（二）舎利弗さん。ただし、わずかばかりの善根や福徳では、阿弥陀仏の国土に生まれることはできません。

舎利弗さん。もし、あつい信仰心をもつ男性あるいは女性が、阿弥陀仏のお名前が説かれているのを聞き、そのお名前に向かって、一日、二日、三日、四日、五日、六日、七日のあいだ、心を乱さず集中させるならば、その人が臨終を迎えるとき、その眼前に、阿弥陀仏が聖者たちとともに現れます。すると、その人は死を迎えても、心が乱れず、正しい信仰を獲得して、阿弥陀仏の極楽国土へ往生することができるのです。

（3）釈迦牟尼仏ならびに諸仏による証明について

（一）舎利弗さん。わたし（釈迦牟尼仏）は、この利益ゆえに、こう説くのです。

『もし、生きとし生けるものがこの説法を聞くならば、阿弥陀仏の国土に生まれたいという願を起こし、阿弥陀仏の国土に生まれなさい』と。

（一一）舎利弗さん。わたしは、いま、阿弥陀仏のどのような思慮もおよばない功徳を、称賛しました。

同じように、はるか東方世界に仏国土をもつ阿閦《あしゅく》（不動／怒りを克服した）仏、須弥相《しゅみそう》（須弥山の相をもつ）仏、大須弥（大きな須弥山のような）仏、須弥光（須弥山の光をもつ）仏、妙音（妙なる音声をもつ）仏をはじめ、ガンジス河の砂の数ほどもの諸仏が、それぞれの仏国土において、自身の言葉が嘘ではないことをしめすために、口から広くて長い舌を出し、さらにはその舌で三千大千世界を覆い尽くして、以下のような誠実な言葉をつらねました。『あなたがた生きとし生けるものよ、阿弥陀仏のどのような思慮もおよばない功徳を称賛する「ありとあらゆる諸仏の慈しみの心によって護られる」と名付けられた経典を信じなさい』と。

舎利弗さん。はるか南方世界に仏国土をもつ日月燈《にちがつとう》（太陽や月のような燈明をもつ）仏、名聞光《みょうもんこう》（名声という光をもつ）仏、大焔肩《だいえんけん》（偉大な焔を肩から発する）仏、須弥燈（須弥山のような光をもつ）仏、無量精進《むりょうしょうじん》（限りない勇猛心をもつ）仏をはじめ、ガンジス河の砂の数ほどもの諸仏が、それぞれの仏国土において、自身の言葉が嘘ではないことをしめすために、口から広くて長い舌を出し、さらにはその舌で三千大千世界を覆い尽くして、以下のような誠実な言葉をつらねました。『あなたがた生きとし生けるものよ、阿弥陀仏のどのような思慮もおよばない功徳を称賛する「ありとあらゆる諸仏の慈しみの心によって護られる」と名付けられた経典を信じなさい』と。

舎利弗さん。はるか西方世界に仏国土をもつ無量寿仏、無量相（無量の相をもつ）仏、無量幢《むりょうどう》（無量の菩提心を旗印としてかかげる）仏、大光（偉大な光をもつ）仏、大明《だいみょう》（偉大な光明を放つ）仏、宝相《ほうそう》（宝の相をもつ）仏、浄光（浄らかな光をもつ）仏をはじめ、ガンジス河の砂の数ほどもの諸仏が、それぞれの仏国土において、自身の言葉が嘘ではないことをしめすために、口から広くて長い舌を出し、さらにはその舌で三千大千世界を覆い尽くして、以下のような誠実な言葉をつらねました。『あなたがた生きとし生けるものよ、阿弥陀仏のどのような思慮もおよばない功徳を称賛する「ありとあらゆる諸仏の慈しみの心によって護られる」と名付けられた経典を信じなさい』と。

舎利弗さん。はるか北方世界に仏国土をもつ焔肩仏、最勝音《さいしょうおん》（最高の音声をもつ）仏、難沮《なんそ》（犯しがたい）仏、日生《にっしょう》（太陽から生まれた）仏、網明《もうみょう》（網のように広く光明をもつ）仏をはじめ、ガンジス河の砂の数ほどもの諸仏が、それぞれの仏国土において、自身の言葉が嘘ではないことをしめすために、口から広くて長い舌を出し、さらにはその舌で三千大千世界を覆い尽くして、以下のような誠実な言葉をつらねました。『あなたがた生きとし生けるものよ、阿弥陀仏のどのような思慮もおよばない功徳を称賛する「ありとあらゆる諸仏の慈しみの心によって護られる」と名付けられた経典を信じなさい』と。

舎利弗さん。はるか下方世界に仏国土をもつ師子《しし》（獅子と呼ばれる）仏、名聞《みょうもん》仏、名光《みょうこう》（名声という輝きをもつ）仏、達摩《だつま》（法と呼ばれる）仏、法幢《ほうどう》（法の旗印をもつ）仏、持法《じほう》（法をたもつ）仏をはじめ、ガンジス河の砂の数ほどもの諸仏が、それぞれの仏国土において、自身の言葉が嘘ではないことをしめすために、口から広くて長い舌を出し、さらにはその舌で三千大千世界を覆い尽くして、以下のような誠実な言葉をお説きになりました。『あなたがた生きとし生けるものよ、阿弥陀仏のどのような思慮もおよばない功徳を称賛する「ありとあらゆる諸仏の慈しみの心によって護られる」と名付けられた経典を信じなさい』と。

舎利弗さん。はるか上方世界に仏国土をもつ梵音《ぼんのん》（梵天のような声をもつ）仏、宿王《しゅくおう》（星座の王）仏、香上《こうじょう》（最高の香をもつ）仏、香光《こうこう》（香に輝きのある）仏、大焔肩仏、雑色宝華厳身《ざつしきほうけごんしん》（さまざまな色の宝の花々に身を飾られた）仏、沙羅樹王《しゃらじゅおう》（サーラ樹の王）仏、宝華徳《ほうけとく》（宝の蓮華の美をもつ）仏、見一切義《けんいっさいぎ》（すべての意味を見抜く）仏、如須弥山《にょしゅみせん》（須弥山のような）仏をはじめ、ガンジス河の砂の数ほどもの諸仏が、それぞれの仏国土において、自身の言葉が嘘ではないことをしめすために、口から広くて長い舌を出し、さらにはその舌で三千大千世界を覆い尽くして、以下のような誠実な言葉をつらねました。『あなたがた生きとし生けるものよ、阿弥陀仏のどのような思慮もおよばない功徳を称賛する「ありとあらゆる諸仏の慈しみの心によって護られる」と名付けられた経典を信じなさい』と。

（三）舎利弗さん。あなたは、なにゆえに、この経典が「一切諸仏に護念される」と呼ばれるのか、ご存じだろうか。

舎利弗さん。もし、あつい信仰心をもつ男性あるいは女性が、これらの諸仏がお説きになる阿弥陀仏のお名前、ならびにこの経典の名称を聞くならば、あつい信仰心をもつ男性あるいは女性は、ひとり残らず、ありとあらゆる仏たちが慈しみの心によって護ってあげようとみなす対象となり、さらにはこのうえなく正しい悟りから、決して後退しないようになります。

こういうわけですから、舎利弗さん。あなたがたは誰しもが、わたしが述べた言葉や諸仏の説く法を信じて受け入れなさい。

舎利弗さん。阿弥陀仏の国土に生まれたいといって、すでに願を起こした人も、ちょうどいま願を起こしている人も、これから願を起こそうとする人も、ひとり残らず、このうえなく正しい悟りから決して後退することなく、阿弥陀仏に国土に、すでに生まれた者もいれば、いま生まれた者もいれば、これから生まれる者もいます。

こういうわけですから、舎利弗さん。あつい信仰心をもつ男性あるいは女性は、真の信仰をもっているならば、阿弥陀仏の国土に生まれたいという願を起こして、阿弥陀仏の国土に生まれるでしょう。

舎利弗さん。わたしがいま、諸仏の思慮を絶する特性を称賛するように、それらの諸仏もまた、わたしの思慮を絶する特性を称賛して、このようにおっしゃっています。『釈迦牟尼仏はきわめてなしがたく、きわめて稀有なことを実践されました。すなわち、戦争や天変地異という時代の汚れ、邪悪な見解や教えがはびこる思想の汚れ、精神的な悪徳が満ち満ちている煩悩の汚れ、心身ともに弱体化する人間の汚れ、寿命の縮小という汚れにまみれた娑婆《しゃば》世界において、このうえなく正しい悟りを得て、生きとし生けるもののために、世間のすべての人々にとって、とうてい信じがたい真理を、お説きになったのです』と。

舎利弗さん。よく覚えておきなさい。わたしは、いま諸仏がおっしゃったように、戦争や天変地異という時代の汚れ、邪悪な見解や教えがはびこる思想の汚れ、精神的な悪徳が満ち満ちている煩悩の汚れ、心身ともに弱体化する人間の汚れ、寿命の縮小という汚れにまみれた悪世において、このうえなく正しい悟りを得て、世間のすべての人々のために、この信じがたい真理を説いたのです。それは、難事のなかの難事でした」

3 結語

釈迦牟尼仏がこの経典を説き終わると、舎利弗などの出家僧たちはもとより、すべての世間の神々も人間も阿修羅《あしゅら》たちも、釈迦牟尼仏がお説きになったことを聞くことができたので、歓喜に満たされ、心の底から信じて受け入れ、ありがたい、ありがたいとお礼を言いながら、帰っていきました。

第Ⅲ部　観無量寿経全訳

1　序説――韋提希夫人の物語

このように、わたしは聞いたのです。

あるとき、釈迦牟尼仏《しゃかむにぶつ》はマガダ国の首都である王舎城《おうしゃじょう》の北東の郊外にそびえる耆闍崛山《ぎじゃくっせん》（グリドラクータ）、すなわち霊鷲山《りょうじゅせん》に滞在しておられました。釈迦牟尼仏のおそばには、千二百五十人の出家僧がひかえていました。また、文殊師利菩薩《もんじゅしりぼさつ》を指導者にあおぐ三万二千人の菩薩たちもひかえていました。

そのころ、王舎城に、阿闍世《あじゃせ》（アジャータシャトル）とよばれる皇太子がおりました。この阿闍世が、調達《じょうだつ》（提婆達多《だいばだった》／デーヴァダッタ）という悪友にそそのかされて、父王の頻婆娑羅《びんばしゃら》（ビンビサーラ）を捕らえ、七重の障壁をそなえた室内に幽閉してしまったのです。しかも、父王につかえていた大臣たちが、だれひとりとして近づけないように監視させました。

父王には韋提希《いだいけ》（ヴァイデーヒー）とよばれる妃がおりました。韋提希夫人は夫の頻婆娑羅王をたいそう敬愛していましたので、かれの生命をたもつために、みずからのからだを沐浴《もくよく》して清めたうえで、からだじゅうに、良質のバターと穀物の粉をまぜたものを塗り、さらにネックレスなど装身具のなかに葡萄酒を隠し入れ、ひそかに夫のもとへまいりました。

かくして、頻婆娑羅王は良質のバターと穀物の粉をまぜたものを食べ、葡萄酒を飲んで渇きをいやしました。食事を終えると、水を飲んで、口をそそぎました。口をそそぎ終えると、釈迦牟尼仏が滞在しておられる耆闍崛山にむかって合掌し、はるかに世にも尊きお方を拝して、こう申し上げました。

「釈迦牟尼仏のお弟子のなかでも最高の神通力の持ち主である大目犍連《だいもっけんれん》（マハー・マウドガリヤーヤナ）さんは、わたしの親友でございます。如来におかれてはどうか慈悲のお心をおこしていただき、わたしに在家信者の守るべき八つの戒、つまり殺さない、盗まない、妻や夫以外の者と性行為をしない、嘘をつかない、酒を飲まない、正午以降は食事をしない、娯楽や贅沢を避ける、豪華な寝台で寝ないという戒の数々を授けてくださるよう、大目犍連さんにお命じください」

この言葉を言い終わるか終わらないうちに、鷹や隼が飛ぶがごとく、目犍連は神通力を駆使して、凄まじいスピードで頻婆娑羅王のもとに到着しました。そして、毎日、毎日、王のために八つの戒を授けたのでした。

それだけではありません。世にも尊きお方は、ご自分の数ある弟子のなかでも弁舌においては第一とされる富楼那《ふるな》（プールナ）を王のもとにつかわして、説法させたのです。

こうして二十一日が過ぎてゆきました。その間ずっと、頻婆娑羅王は妃の韋提希夫人がはこんでくる良質のバターと穀物の粉をまぜたものを食べ、葡萄酒を飲み、仏弟子たちから深遠な教えを聞く機会を得たために、顔色が良くなり、穏やかな表情になりました。

そうこうするうち、阿闍世王は門番にこう問いました。

「父王はまだ健在か」

そう問われて、門番はこう答えました。

「お妃さまがご自分のおからだに良質のバターと穀物の粉をまぜたものを塗り、ネックレスなど装身具のなかに飲み物を入れ、王さまに飲食させておいでです。出家僧の目犍連と富楼那が空中からやってきて、王さまのために説法なさっています。わたしには阻止できません」

この話を聞き終わると、阿闍世王は母の行為にたいしておおいに怒り、こう言いました。

「わたしの母は賊である。なぜなら、賊と行動をともにしているからだ。出家僧の悪人どもが、ひとをたぶらかす呪術をつかって、悪しき王をいつまでも死なないようにしている」

こういうと、阿闍世王は剣を抜いて、母を殺そうとしました。

そのときのことです。月光《がっこう》という名の、たいそう聡明であまたの智恵にめぐまれた大臣が、最高の名医としても知られた同僚の耆婆《ぎば》（ジーヴァカ）といっしょに、阿闍世王に拝礼して、こう上奏しました。

「バラモン教の聖典『ヴェーダ（毗陀論経《びだろんぎょう》）』に説かれているところによりますと、『この世の初めからこんにちにいたるまでに、さまざまな悪王があらわれた。国王の地位が欲しいばかりに、自分の父を殺した者の数は一万八千人にものぼる』そうでございます。ところが、理不尽にも自分の母を殺した者は、いまだかつてないとの由でございます。したがいまして、いま、陛下がお母さまを殺害されるならば、あなたさまが属しておられるクシャトリア（武士階級）の禁忌に触れることになりますが、よろしゅうございますか。そのようなことは、耳にするのもはばかられます。そのようなことは、身分制度の外に位置づけられている、きわめて賤しい者たちのなすことでございます。そんなことをなされば、あなたさまはクシャトリアが住むべきこの宮殿に、住む資格がございません」

そう言い終わると、二人の大臣は、いまにも抜こうとするかのように、剣のつかに手をかけながら、あとずさりしました。

それを見た阿闍世王はひどく驚き、かつおののいて、耆婆に向かって、こう問いました。

「そなたはわたしの味方ではないのか」

すると、耆婆はこう答えました。

「大王さま。なにがあろうとも、お母さまを殺してはなりません」

そうさとされて、阿闍世王は懺悔《さんげ》し、耆婆に助けを求めました。そして、剣を捨て、もはや母を殺そうとはしませんでした。ついで、宮廷内の諸事を担当する役人に、母の韋提希夫人を宮廷の奥深く閉じ込めて、二度と外へ出られないようにせよ、と命じました。

こうして幽閉された韋提希夫人は、悲しみに沈み、疲れきってしまいましたが、釈迦牟尼仏が滞在しておられる耆闍崛山をはるかに拝して、こう申し上げました。

「世にも尊き釈迦牟尼如来さま。かつてあなたさまは、いつも愛弟子の阿難《あなん》（アーナンダ）さまをわたしのところにおつかわしになり、慰めてくださいました。わたしはいま、悲しみのきわみにおります。

もはや今生では、威厳にあふれ、世にも尊き釈迦牟尼如来さまに直接、お目にかかる機会はございますまい。お願いでございますから、目犍連さまと阿難さまをわたしのところにおつかわしくださいさい」

こう言い終わると、韋提希夫人は悲しみの涙をさめざめと流しつつ、頭を下げ、はるかなかなたにおられる釈迦牟尼仏を拝したのでした。

韋提希夫人がまだ頭をあげないうちに、耆闍崛山におられる釈迦牟尼仏は、韋提希夫人の心のうちを知り、目犍連と阿難に、空中を飛行して、韋提希夫人のもとへ行くように命じました。同時に、釈迦牟尼仏も耆闍崛山からすがたを消し、宮中に出現されたのでした。

韋提希夫人が拝礼を終え、頭をあげると、そこには世にも尊き釈迦牟尼仏のおすがたがありました。そのからだは、閻浮提《えんぶだい》（この世）の雪山《せっせん》（ヒマラヤ山脈）の最北に聳える香酔山《こうすいせん》（ガンダマーダナ・ギリ）南麓にあって、冷涼で清冽な水をたたえる無熱池《むねっち》のほとりを流れる川の底からとれるという砂金のように、紫がかった金色に輝き、百どころではない宝石で装飾された蓮華のうえにすわっておられました。その左には目犍連が、右には阿難がかしずいていました。それだけではありません。釈迦牟尼仏を守護する役割をになう帝釈天《たいしゃくてん》と梵天《ぼんてん》をはじめ、あまたの神々が空中にあって、天上界の花々をまるで雨のように降らし、釈迦牟尼仏に敬意をあらわしていました。

世にも尊き釈迦牟尼仏のおすがたを拝した韋提希夫人は、首にかけていたネックレスを引きちぎり、自分の五体を地に投じながら、号泣しつつ、釈迦牟尼仏にむかって、こう申し上げたのでした。

「前世でいかなる罪を犯したために、わたしは阿闍世のような極悪非道の子どもを生むことになったのでしょうか。同じように、世にも尊きあなたさまもまた、いかなる因縁ゆえに、提婆達多《だいばだった》のような極悪非道の者を血族のなかにおもちなのでしょうか」

「こうなっては、わたしの願いはたった一つしかありません。世にも尊きお方さま。わたしのために、憂いのまったくないところをお教えください。わたしはそこに生まれ変わりたいのです。いま、わたしが住んでおります現世は、汚れに汚れ、悪に満ちあふれております。そんなところにはもう住みたくないのです。

この汚れに汚れ、悪に満ちあふれたところには、いたるところに、本来なら地獄界に住むべき者どもがおります。本来なら餓鬼《がき》界に住むべき者どももおります。本来なら畜生《ちくしょう》界に住むべき者どももおります。そういう悪しき者たちがたくさんいるのでございます。

お願いがございます。生まれ変わったのちには、二度とそういう者どもの発する悪しき声を、耳にしたくありません。二度とそういう悪しき者どものすがたを、目にしたくありません。

いままさに、わたしは世にも尊きお方にむかって、五体を地に投じ、あなたさまのお慈悲をもとめて、懺悔いたします。

もはやわたしの願いはたった一つしかありません。太陽のごとき如来さま。なにからなにまで清らかな世界を、わたしにお見せください」

すると、世にも尊きお方は、眉間から光明を放ちました。その光明は金色でした。放たれると全宇宙を照らし出したのち、釈迦牟尼仏の頭頂にふたたびもどり、金色の基盤となりました。そのかたちは、宇宙の中心にそびえる須弥山そっくりでした。そして、そのなかに、全宇宙にありとしある仏たちのいとなむ仏国土が、あらわれたのでした。

それらの仏国土は、さまざまな様相をしめしていました。七種類の宝石でつくられた仏国土もあれば、蓮華だけでつくられた仏国土もありました。欲界の大魔王である他化自在天《たけじざいてん》が住む宮殿のような仏国土もあれば、水晶の鏡のような仏国土もありました。

釈迦牟尼仏は「このような、数かぎりない、荘厳きわまりない仏国土の様相を、よく見ておきなさい」と言って、韋提希夫人にお見せになったのでした。

こうしてあまたの仏国土を見終わってから、韋提希夫人は釈迦牟尼仏に、こう申し上げました。

「世にも尊きお方さま。見せてくださったもろもろの仏国土は、どれもみな清浄で、しかも光明にあふれておりますが、そのなかでもわたしは、極楽世界の阿弥陀仏さまのみもとに生まれたいと存じます。お願いですから、世にも尊きお方さま。わたしに、阿弥陀仏さまや極楽世界の様相を、心のうちにそこはかとなく映し出す方法を、お教えください。阿弥陀仏さまや極楽世界の様相を、心のうちにくっきりと映し出し方法を、お教えください」

韋提希夫人がそう申し上げると、釈迦牟尼仏は微笑しながら、お口から五色の光を放ちました。それら五色の光は、頻婆娑羅王の頭上を照らし出しました。頻婆娑羅王は身体こそ幽閉されていましたが、その心眼はなんら支障なく、はるかに釈迦牟尼仏のおすがたを拝し、そのおみ足を自分の頭のうえにいただく礼をなしました。すると、王の境地はおのずからずっと高まり、欲界以下の世界には二度と生まれ変わらない境地（阿《あ》那《な》含《ごん》／アナーガーミン）を成就したのでした。

頻婆娑羅王が二度と生まれ変わらない境地を成就したことを見届けると、釈迦牟尼仏は韋提希夫人に、こう告げました。

「韋提希さん。あなたはよくご存じかどうか。阿弥陀仏はけっして遠くにおられるのではないのだ。だから、韋提希さん。あなたは精神を一点に集中して、極楽世界をよくよく瞑想しなさい。そうすれば、清らかなおこないを成就できるのです。

あなたのために、わたしはいろいろなたとえ話をつかって、説いてあげましょう。そうすれば、未来世に生まれてくるであろうありとあらゆる凡夫のなかの、清らかなおこないをこころざす者たちが、西方にある極楽世界へ生まれ変わるよすがともなるのです。

極楽世界へ生まれ変わりたいと願う者は、三つの福徳を実践しなさい。

一つには、父母に孝行を尽くし、目上の者にうやうやしく仕え、慈悲の心をもって殺生をせず、十善業《じゅうぜんごう》を実践しなさい。すなわち殺生をしない。不倫関係にならない。他人の所有物を盗まない、奪わない。悟ってもいないのに悟ったと嘘をつかない。他人を仲違いさせるような言動を慎む。乱暴な口のききかたをしない。中身のない言葉を発しない。貪欲にならない。怒らない。誤った見解をもたないと誓いなさい。

二つには三帰、すなわち仏・法・僧の三宝にあつく帰依しなさい。もろもろの戒をたもちなさい。行《ぎょう》・住《じゅう》・坐《ざ》・臥《が》、すなわち日常生活すべてにおいて、正しいふるまいをたもちなさい。

三つには菩提心、すなわち悟りを求める心を起こしなさい。善因善果と悪因悪果という因果の理をふかく信じなさい。大乗仏教の経典を、目で読み、声に出して読みなさい。同じ道を歩むように、他の人々にもすすめなさい。

以上の三つのおこないを、清らかなおこないと言うのです」

さらに、釈迦牟尼仏は韋提希夫人にむかって、こうもおっしゃいました。

「あなたはご存じだろうか。この三種類のおこないこそ、過去と現在と未来のもろもろの如来たちが実践されたおこないにほかならないということを。（そしてまた、この三種類のおこないこそ、凡夫が極楽世界へ生まれ変わるために絶対に欠かせないおこないにほかならないということを）」

釈迦牟尼仏は、阿難と韋提希夫人に、こうおっしゃいました。

「耳を澄ませて、お聞きなさい。耳を澄ませて、お聞きなさい。そして、これからわたしが説く内容を、よくよく思念しなさい。

如来であるわたしは、いままさに、未来世に生まれてくるであろう生きとし生けるものすべてのために、煩悩という最悪の盗賊に襲われるであろう者たちのために、清らかなおこないを説くつもりです。（そして、これこそは極楽世界をまのあたりにできる方法なのです）

けっこうなことです、韋提希さん。あなたはとてもすばらしい質問をしてくださったのです。

阿難さん。あなたはわたしがこれから説く内容をよく覚えておいて、多くの人々のために、仏の言葉を伝え広めなさい。

如来であるわたしは、韋提希さんと未来世に生まれるであろう生きとし生けるものすべてのために、西方にある極楽世界のありさまを、まのあたりにさせてあげましょう。

なにしろ仏の力を駆使するのですから、よく映る鏡に自分の顔を映し出すのとなんら変わることなく、なにからなにまで清らかな仏国土をまのあたりにできるのです。

かの仏国土の、言葉ではとうてい表現できないすばらしさをまのあたりにするならば、心が歓喜に満たされるゆえに、あっという間に無生法忍《むしょうぼうにん》、すなわちあらゆる存在には固定的な性質がなく、しかも生じもしなければ滅しもしないという真理を把握し、しっかり認識できるようになるのです」

釈迦牟尼仏は韋提希夫人に、こうおっしゃいました。

「あなたは凡夫にすぎません。したがって、心のはたらきははなはだ劣っていて、すべての事象をありのままに見通す超能力はありませんから、はるかかなたをまのあたりにはできません。でも、もろもろの如来たちには特別な方便《ほうべん》があるので、それを使って、あなたに極楽世界をまのあたりにさせてあげられるのです」

そう言われて、韋提希夫人は釈迦牟尼仏に、こう問いかけました。

「世にも尊きお方さま。わたしは幸運にも、仏のお力をもって、極楽世界をまのあたりにすることができます。しかし、釈迦牟尼仏さまが涅槃《ねはん》にお入りになったのちともなれば、生きとし生けるものはことごとく、汚れに汚れ、ひたすら悪に走り、善とは無縁となり、生老病死《しょうろうびょうし》の四苦《しく》にくわえて愛別離苦《あいべつりく》という、つごう五つの苦にさいまれるばかりでございましょう。そのような者たちは、いったいどうしたら阿弥陀仏さまの極楽世界をまのあたりにできるのでしょうか」

2　瞑想の実践

第一の瞑想

釈迦牟尼仏は韋提希夫人に、こうおっしゃいました。

「あなたも、また生きとし生けるものも、ひたすら精神を集中させて、西方を瞑想しなさい。どのように瞑想するのかというならば、こういうことなのです。

生きとし生けるものすべては、生まれつき盲目でないかぎり、だれでも自分の目で日没を見ることができるはずです。そのように心に念じつつ、正座し、西に顔を向けて、沈みつつある太陽をじっと見つめるのです。心に余計なことをおもわず、一心不乱に、沈みつつある太陽を見つめつづけるならば、そのかたちがあたかも空中に懸かった太鼓のように円いのが見えるはずです。このようにして、沈みつつある太陽を見つめつづけ、目を閉じていようと開いていようと、日没の太陽のすがたがありありと見えるように努力しなさい。この瞑想を『太陽の瞑想』とよび、『第一の瞑想』というのです」

第二の瞑想

「つぎには、『水想』を実践しなさい。つまり、水がかぎりなく清らかであると見て、さらにその想いをありありと把握し、徹底的に集中しなさい。

『水想』ができたならば、今度は『氷想』を実践しなさい。

氷が透明きわまりないことを見たならば、今度は『瑠璃想《るりそう》』、すなわちラピスラズリ（瑠璃）の瞑想を実践しなさい。

この瞑想を成就したならば、ラピスラズリでできている大地が、どこもかしこも透きとおっていることを見なさい。

ラピスラズリでできている大地の下には、ダイアモンドおよび金・銀・ラピスラズリ・シャコガイ・瑪瑙《めのう》・真珠・カーネリアン（紅玉髄《べにぎょくずい》）の七宝でできている幢《どう》、すなわち柱状の旗飾りがあって、ラピスラズリでできている大地をささえています。

その幢は八面体で、八つの稜角があります。その一つ一つの面は、百の宝石でつくられています。そのなかの宝珠は、一つ一つから千の光明が放たれ、その一つ一つの光明には八万四千の色がついています。そして、その色はラピスラズリでできている大地に照り映えて、まるで億千の太陽のように輝き、つぶさに見ることができません。

また、ラピスラズリでできている大地は、黄金のロープできれいに区画され、さらに金・銀・ラピスラズリ・シャコガイ・瑪瑙・真珠・カーネリアンの七宝で境界線が引かれていて、どこもかしこもきちんと整えられています。

七宝を構成する宝石類からは、それぞれ五百の光が放たれています。その光はあたかも花々のようであり、また星や月にも似ています。そして、その光は空中に懸かって、光明でつくられた基盤をなしています。

その基盤のうえには、百の宝石でできている高層建築が、なんと千万も建っています。基盤の両辺は、それぞれ百億の華麗な柱状の旗飾りと無数の楽器によって装飾されています。光明から発した清らかな風が四方八方に吹きわたり、あまたの楽器を鳴らすと、それらの楽器は苦と空と無常と無我を、すなわち生きることは苦にほかならないという真理、森羅万象は実在していないという真理、この世には固定的な実体はなく変転してやまないという真理、わたしという実体はどこにもないという真理を、音色に託して説きあかすのです。

以上を『水想』とよび、『第二の瞑想』というのです」

第三の瞑想

「以下の瞑想を成就したならば、さらに一つ一つの瞑想の精度を極限まであげ、目を閉じていようと開けていようと、瞑想の対象に集中し、意識を散乱させないようにつとめなさい。睡眠中のほかは、つねにこのことを心掛けなさい。このように瞑想する者を「ほぼ完璧に、極楽世界の大地をまのあたりにする者」というのです。

もし、さらに瞑想の技量がすすみ、深い瞑想状態を成就するならば、極楽世界の大地をどこもかしこもはっきりとまのあたりにできるようになります。ただし、これはあくまで概説であって、詳細な説明をしたわけではありません。

以上を『地想』とよび、『第三の瞑想』にあたるのです」

そうおっしゃると、釈迦牟尼仏は阿難にむかって、こうおっしゃいました。

「阿難さん。わたしがいま述べたことをよく記憶しておいて、未来世に生まれてくるであろう生きとし生けるものすべてのために、極楽世界の大地を瞑想する方法を説きなさい。もし、極楽世界の大地を瞑想することに成功したならば、その者は、ふつうであれば、八十億劫にわたりくりかえされるはずの輪廻転生《りんねてんしょう》の罪をまぬがれ、この世における生をおえたのち、すなわち来世において、必ずや極楽世界に生まれ変われるのです。わたしの言うことに疑念をさしはさんではなりません。

このように、極楽世界の大地を瞑想することを『正観《しょうかん》』、すなわち『正しい瞑想』とよび、この瞑想以外の瞑想は『邪観』、すなわち『誤った瞑想』というのです」

第四の瞑想

釈迦牟尼仏は阿難と韋提希夫人にむかって、こうおっしゃいました。

「『極楽世界の大地の瞑想』を成就したならば、つぎに宝石の樹木を瞑想しなさい。宝石の樹木を瞑想する具体的な方法は、こうです。

まず、宝石の樹木を一本ずつ瞑想しなさい。宝石の樹木を一本ずつ瞑想できたならば、今度は七重につらなる並木を瞑想しなさい。

一本一本の宝石の樹木の高さは八千由旬《ゆじゅん》といいますから、八万キロメートル以上もあります。これらの宝石の樹木は一つのこらず、七種類の宝石の花を咲きほこらせ、七種類の宝石の葉を茂らせています。また、一つ一つの花も葉も、みなことごとく異なる宝の色で彩られています。

たとえば、ラピスラズリの青い色のなかから金色の光を放ち、水晶の透明な色のなかから紅色の光を放ち、瑪瑙の赤い光のなかからシャコガイの白い光を放ち、シャコガイの白い色のなかから緑真珠の光を放ち、しかも珊瑚《さんご》や琥珀《こはく》をはじめ、ありとあらゆる宝石で装飾されているのです。

それら宝石の樹木のうえを、最高級の真珠でつくられた網が、覆っています。その網は、宝石の樹木の一本一本につき、七重にもおよびます。

一つ一つの網のあいだには、梵天が住む宮殿そっくりの、花々で飾られた宮殿が五百億もあります。

その宮殿のなかには、天の童子たちがたくさん、ごくあたりまえのように住んでいます。どの童子も、欲しい物はなんでも生み出すことができる摩尼宝珠《まにほうじゅ》を五百億もつらねたネックレスを、その首に懸けています。その摩尼宝珠から放たれる光は、百由旬といいますから、千キロメートル以上のかなたまで照らし出しています。その輝きといったら、太陽と月を合わせたようで、どんな言葉もおよびません。また、あまたの宝石が入り混じって生じる色彩の豊かさといったら、最上級といいうしかありません。

これら宝石の並木は、たがいに交叉し合い、葉と葉が重なり合っています。あまたの葉のあいだには、形容しがたいくらい美しい花が咲きほこり、その花弁のうえには、ごくあたりまえのように、七種類の宝石の果実が実っています。

一枚一枚の葉は、縦と横がそれぞれまったく同じ大きさで、二十五由旬といいますから、二百五十キロメートル以上もあります。その葉は、あたかも天上界のネックレスのように、千種類の色彩をもち、百種類の模様があります。

さらに、葉と葉のあいだには、閻浮提（この世）の雪山（ヒマラヤ山脈）の最北に聳える香酔山

（ガンダマーダナ・ギリ）南麓にあって、冷涼で清冽な水をたたえる無熱池のほとりを流れる川の底からとれるという砂金のように、紫がかった金色の花々が、松明《たいまつ》を振りまわすときに見られる火の輪のように、くるくるとまわっています。

おまけに、これらの宝石の樹木は、たくさんの果実をぽこぽこと実らせています。そのようすといったら、望む物はなんでも湧き出させるという帝釈天《たいしゃくてん》所蔵の瓶にそっくりです。

それらの果実は広大な光明を放ち、放たれた光明は、あっという間に変化して、数えきれないほどたくさんの宝石製のパラソルとそれをささえる柱状の旗飾りになります。このパラソルのなかには、三千大千世界で展開されている如来のはたらきが、ことごとく映し出され、全宇宙のありとあらゆる仏国土のありさまも、同じように映し出されています。

宝石の樹木を瞑想し終わったならば、つぎにあげる瞑想の対象を、一つ一つ順を追って瞑想しなさい。すなわち、宝石の樹木の幹の部分、枝の部分、葉の部分、花の部分、果実の部分が、はっきりくっきりと見えるようにつとめなさい。

以上の瞑想を『樹想』とよび、『第四の瞑想』というのです」

第五の瞑想

「宝石の池の水を瞑想しなさい。宝石の池の水を瞑想する具体的な方法は、こうです。

極楽世界には、全部で八つの池があります。これらの池はすべて、七種類の宝石で満たされています。七種類の宝石といえば、ふつうは硬い物ですが、極楽世界にある宝石の池にかぎっては、とても柔らかいのです。

池の水の源泉は、如意宝珠《にょいほうじゅ》の王、すなわち望めばなんでも出してくれる宝石の王から湧き出し、十四の支流に分かれています。一つ一つの支流は、七種類の宝石の色で彩られ、黄金の溝のなかを流れています。溝の底の部分は、いろいろな色のダイアモンドの砂で敷きつめられています。

支流一つ一つの水のなかには、おのおの七種類の宝石の蓮華が六十億も生えています。それらの蓮華の花弁はどれもまんまるで、みなそろって十二由旬といいますから、百二十キロメートル以上もあります。

摩尼宝珠（如意宝珠）から流れ出した水は、蓮華のあいだを流れくだり、蓮華の茎をとおりすぎるときに、波だって上下しています。そのときに発する響きはたいそう美しく、苦と空と無常と無我を、すなわち生きることは苦にほかならないという真理、森羅万象は実在していないという真理、この世には固定的な実体はなく変転してやまないという真理、わたしという実体はどこにもないという真理をはじめ、もろもろの智恵の完成について、語るのです。また、もろもろの如来たちのおすがたを讃美する響きも、聞こえてきます。

さらに、如意宝珠の王からは、金色の、たとえようもなく美しい光明が湧き出しています。湧き出した光明は、すぐさま百の宝石の色をもつ鳥に変身し、声をそろえて鳴いています。その声はじつに優雅で、つねに如来をおもい、真理の法をおもい、僧侶をおもうことが、いかに尊い行為か、讃えつづけています。

以上の瞑想を『八功徳水の瞑想』とよび、『第五の瞑想』というのです」

第六の瞑想

「さまざまな宝石で荘厳された極楽世界は、あまたの区画に区切られ、その区画の一つ一つに、五百億の高層建築がそびえたっています。その高層建築のなかには、数えきれないくらいたくさんの天人が住んでいて、天上界の音楽をかなでています。

また、空中には楽器が懸かっていて、まるで天上界の宝石でつくられた柱状の旗飾りのように、だれも演奏していないのに、自動的に音を発するのです。この音のなかには、如来をおもい、真理の法をおもい、出家僧をおもうことの大切さが、説かれています。

以上の瞑想を成就できたならば、これを『極楽世界の宝石の樹木と宝石でできた大地と宝石でつくられた池を、ほぼまのあたりにできる瞑想』とよび、『極楽世界のすべてをまのあたりにする瞑想』に位置づけ、『第六の瞑想』というのです。

もし、この瞑想を成就するならば、その者は、ふつうであれば、無限の時間にわたりくりかえされるはずの輪廻転生の罪をまぬがれ、この世における生をおえたのち、すなわち来世において、必ずや極楽世界に生まれ変われるのです。

この瞑想を実践することを、名付けて『正観』、すなわち『正しい瞑想』といい、この瞑想以外の瞑想を名付けて『邪観』、すなわち『誤った瞑想』というのです」

第七の瞑想

釈迦牟尼仏は阿難と韋提希夫人に、こうおっしゃいました。

「耳を澄ませて、よくお聞きなさい。よく聞いて、聞いた内容をよくお考えなさい。あなたがたのために、苦悩をとりのぞく方法を、わかりやすく解き明かしましょう。ですから、あなたがたは聞いた内容をよく記憶しておいて、あまたの人々のために、誰にたいしても、わかりやすく解き明かしてあげなさい」

釈迦牟尼仏がこうお告げになった、まさにそのときのことです。無量寿仏が空中に出現され、その左右に観世音《かんぜおん》菩薩と勢至《せいし》菩薩がひかえておられるのが見えました。

無量寿仏から放たれる光明は燦然と輝き、つぶさに見ることなどとてもできません。閻浮樹の森を流れる川の底からとれるという砂金のような、紫がかった百千もの黄金から放たれる光明をもってしても、まったく比べものになりません。

韋提希夫人はこのような無量寿仏のおすがたを拝見し終わると、無量寿仏のおみ足を自分の額にいただいて拝礼しつつ、釈迦牟尼仏にむかって、こう申し上げました。

「世にも尊きお方さま。わたしはたったいま、あなたさまの仏力のおかげで、無量寿仏さまとお二人の菩薩のおすがたを拝見することができました。しかし、未来世に生まれてくるであろう生きとし生けるものたちは、いったいどうすれば、無量寿仏さまとお二人の菩薩のお姿を拝見できるのでありましょうか」

そう問われて、釈迦牟尼仏は韋提希夫人に、こうお答えになりました。

「かの仏を見たいと願うのであれば、こういうふうに瞑想しなさい。

七種類の宝石でできた大地に、蓮華があると瞑想しなさい。その蓮華の花びら一枚一枚に、百の宝石の色があると瞑想しなさい。

どの葉にも八万四千の葉脈あり、その葉脈はまるで天上界の絵のように美しいのです。また、その葉脈は八万四千の光を発しています。以上を、どこもかしこも、ありありと見えるようにつとめなさい。

蓮華の花弁は、いちばん小さなものでも、縦と横がおのおの二百五十由旬といいますから、二百五十キロメートル以上もあります。

そういう蓮華一つにつき、八万四千ずつの葉が生えています。一枚一枚の葉のあいだには、おのおの最高級の摩尼宝珠が百億もあり、その一個一個の摩尼宝珠から、おのおの千の光明が放たれていて、イルミネーションの役割を果たしています。放たれた光は、七種類の宝石でつくられた超巨大なパラソルみたいに、極楽世界の大地を、すみからすみまで、覆っています。

また、この蓮華の台座にあたる部分は、欲しい物はなんでも生み出すことができる摩尼宝珠でできています。しかも、この蓮華の台座にあたる部分は、八万のダイアモンド、キンシュカ樹の赤い花の色に似た赤い宝石、清らかな如意宝珠、最高に美しい真珠で編まれた網で、色とりどりに装飾されています。

蓮華の台座にあたる部分のうえには、四本の宝石でつくられた柱状の旗飾りが、誰かがわざわざそうしたわけではないのに、そびえています。一本一本の柱状の旗飾りは、まるで百千億の須弥山のように、壮大です。

さらに、宝石でつくられた柱状の旗飾りのうえには、やはり宝石でつくられた天幕があって、その豪華さといったら、六つある欲界の第三天にあたるヤマ天が住む宮殿そっくりに、五百億のまことに美しい宝石のイルミネーションで飾られているのです。その宝石一つ一つから八万四千の光が放たれ、その一つ一つの光は、八万四千の異なる種類の金色に輝いています。

この金色の光は、極楽世界をあまねく覆い尽くし、その場所その場所に応じて、さまざまな相を生じています。ダイアモンドの台座に変容しているところもあれば、真珠の網に変容しているところもありますし、色とりどりの雲に変容しているところもあります。ようするに、いたるところで、思いのままに変容して、仏のはたらきをあらわしているのです。

以上を『花の座の瞑想』といい、『第七の瞑想』と呼ぶのです」

そうおっしゃると、釈迦牟尼仏は阿難にむかって、こうおっしゃいました。

「以上のようなまことに美しい花々は、阿弥陀仏の前身であった法蔵比丘《ほうぞうびく》の誓願の力によって、成就したものです。もし、かの阿弥陀仏を瞑想したいと思うのであれば、まず最初にこの花の座の瞑想を実践しなさい。

この瞑想を実践する際は、瞑想の順序をきちんと守らなければなりません。一つ一つを、正しい順序を守って、瞑想しなさい。そして、一つ一つの葉と花弁、一つ一つの宝石、一つ一つの光、一つ一つの台座、一つ一つの柱状の旗飾りを、鏡に自分の顔を映し出すように、どこもかしこもはっきり見とどけるようにつとめなさい。

この瞑想を成就するならば、五万劫にわたりくりかえされるはずの輪廻転生の罪をまぬがれ、必ずや極楽世界に生まれ変われるのです。

この瞑想を実践することを、名付けて『正観』、すなわち『正しい瞑想』といい、この瞑想以外の瞑想を名付けて『邪観』、すなわち『誤った瞑想』というのです」

第八の瞑想

釈迦牟尼仏は、阿難と韋提希夫人にむかって、こうおっしゃいました。

「これまでに教えた瞑想を終えたならば、つぎに阿弥陀仏を瞑想しなさい。その根拠は何かといえば、もろもろの仏、あるいは如来と呼ばれる存在は、全宇宙のありとあらゆるものを、精神の領域であろうと物質の領域であろうと、すべてその身体としているので、生きとし生けるものすべての心のはたらきのなかに入ってくるという真理にもとめられます。

こういうわけですから、あなたがたが心に仏を瞑想するとき、その心がそのまま、仏の特徴をあらわす三十二相と八十種好になるのです。いいかえれば、仏を瞑想している心こそが仏を生み出すのであり、仏を瞑想している心こそが仏そのものにほかならないのです。

海のように、歴史や時間の制約を超えた広大な智恵の持ち主である諸仏も、瞑想から生まれるのです。ですから、精神を集中して、かの如来を、供養されるにふさわしいお方を、歴史や時間の制約を超えた広大な智恵の持ち主を、ありありと瞑想しなさい。

かの仏を瞑想するときは、まず最初にそのおすがたを瞑想しなさい。目を閉じていても開いていても、閻浮樹の森を流れる川の底からとれるという砂金のように、紫がかった金色をした宝石のようなおすがたで、かの蓮華のうえにすわっていらっしゃるのを見なさい。

このおすがたを見られたならば、心の眼を開くことができたのですから、つぎに極楽世界の、七種類の宝石で荘厳された宝石の大地、宝石の池、宝石の並木を見なさい。また、それらのうえを、天人たちの宝石でつくられて天幕が覆い、さらにあまたの宝石をちりばめた網が、空中いっぱいに広がっているのを見なさい。これらを、あたかも自分の手のひらを見るのと同じように、ありありと見なさい。

この瞑想が終わったならば、つぎには、巨大な蓮華が阿弥陀仏の左側にあると瞑想しなさい。この蓮華は、すでに述べた蓮華とまったく同じ特徴をそなえていて、なんら変わったところはありません。さらに、巨大な蓮華が阿弥陀仏の右側にあると瞑想しなさい。

今度は、観世音菩薩のおすがたが、左側の蓮華の座のうえにすわっておられると瞑想しなさい。

この観世音菩薩が、金色の光を放っている点は、阿弥陀仏の場合となんら変わりません。ついで、勢至菩薩のおすがたが、右側の蓮華の座のうえにすわっておられると瞑想しなさい。

この瞑想が成就すると、阿弥陀仏も観世音菩薩も勢至菩薩も、みなそろってその身体から光明を放っています。その光は金色で、もろもろの宝石の樹木を照らし出しています。

宝石の樹木の根もとには、一本につき三つずつ蓮華があり、その蓮華のうえにはおのおの、仏がお一人ずつ、菩薩がお二人ずつ、おすがたを見せています。こういうぐあいに、極楽世界はどこもかしこも仏と菩薩で満たされているのです。

以上の瞑想が成就するならば、その修行者は、極楽世界の水の流れや光明はもとより、宝石の樹木も、鴨も雁も鴛鴦《おしどり》も、みな仏の最高の教えを説いているのを、耳にできるのです。瞑想を終えても、瞑想に入っても、つねに仏の最高の教えを耳にできるのです。

修行者は、瞑想に入っているときに耳にしたことを、瞑想を終えても、よく記憶しておいて、忘れてはなりません。また、その内容を、わたしが説いたとおりかどうか、確かめなさい。もし、わたしが説いたとおりでなければ、それを妄想としてしりぞけ、わたしが説いたとおりであれば、「おおまかに極楽世界をまのあたりにする瞑想」と称して良いのです。

以上を『形像の瞑想』といい、『第八の瞑想』と呼ぶのです。この瞑想を実践するならば、無量億劫にわたりくりかえされる輪廻転生の罪をまぬがれ、この世に生きている身体のままで、念仏にひたりきれるという功徳にあずかれるでしょう」

第九の瞑想

釈迦牟尼仏は阿難と韋提希夫人にむかって、こうおっしゃいました。

「この瞑想が成就したならば、つぎに、無量寿仏のおからだとそこから放たれる光明を瞑想しなさい。

阿難さん、よく覚えておきなさい。無量寿仏（阿弥陀仏）のおからだは、ヤマ天を飾る、閻浮樹の森を流れる川の底からとれるという砂金のように、紫がかった金色を百千万億倍にした色で彩られています。

この仏の背の高さは、六十万億那由他《なゆた》由旬といいますから、おおよそ六十×万×億×千×億本分のガンジス河の砂の数×十キロメートルもあります。

眉間には右回りに巻く白毫《びゃくごう》があり、その大きさは、宇宙の中心にそびえるという須弥山を五つ合わせたほどもあります。

両眼は須弥山をとりまく四方の海のごとく広大で、青い眼球と白目の部分がくっきりしています。おからだの毛穴という毛穴から光明を放出し、その一つ一つの光明の大きさは須弥山に匹敵します。

頭頂の後ろあたりから放たれる円い光は、三千大千世界を百億個あつめた大きさに達します。その円い光のなかに、百万億那由他といいますから、百×万×億×千×億本分のガンジス河の砂の数にあたる化仏《けぶつ》、すなわち救いの対象にあわせて無量寿仏がすがたを変えた仏がいます。

それらの化仏ひとりひとりにも化菩薩、すなわち救いの対象にあわせて化仏がすがたを変えた菩薩が、数限りなく、侍者としてともなわれています。

無量寿仏には八万四千の大きな特徴があります。その特徴一つ一つに、微細な特徴が八万四千ずつあります。その微細な特徴一つ一つに、光明が八万四千ずつともなっています。

その一つ一つの光明が全宇宙をくまなく照らし出し、念仏をとなえる生きとし生けるものすべてを救いとってくださるのです。

これらの光明や仏のおすがた、あるいは化仏については、言葉によってつぶさに説くわけにはいきません。ひたすら瞑想して、自分自身の心の眼で見るしかありません。

以上の対象をまのあたりにすることができれば、その者は、全宇宙のありとあらゆる仏をことごとくまのあたりにすることができます。この瞑想を、全宇宙のありとあらゆる仏をことごとくまのあたりにできるがゆえに『念仏三昧』、すなわち「仏を念じることにより得られる安心の境地」と呼ぶのです。

この瞑想を実践することを『ありとあらゆる仏のおからだをまのあたりにする瞑想』と名付けます。この瞑想は、仏のおからだをまのあたりにするということは、仏のお心をまのあたりにすることにほかなりません。仏のお心とは、おおいなる慈悲にほかなりません。おおいなる慈悲とは、無条件でもろもろの生きとし生けるものすべてを救いとることにほかなりません。

以上の瞑想を成就するならば、その者は現世における生を終えたのち、来世においてもろもろの仏の御前に生まれあわせ、森羅万象は実在していない、生まれもしなければ滅しもしないという境地に到達するのです。

ですから、智恵ある者は、精神を集中させて無量寿仏を瞑想しなさい。無量寿仏を瞑想する際は、仏の特徴を一つ一つ、順を追って瞑想しなさい。まず最初に、眉間の白毫を瞑想して、すこぶるありありと見えるようにつとめなさい。眉間の白毫をまのあたりにすることができたならば、八万四千の特徴は、とくに努力しなくても、まのあたりにできるはずです。こうして無量寿仏を瞑想できたならば、全宇宙のありとあらゆる仏をすべて、まのあたりにできるはずです。全宇宙のありとあらゆる仏をすべて、まのあたりにできたならば、それらの仏たちは、あなたの眼前にあらわれて、未来世においてあなたが成仏することを予言してくださるはずです。

以上の瞑想を『仏のおからだをあますところなくまのあたりにする瞑想』といい、『第九の瞑想』と呼ぶのです。

この瞑想を実践することを、名付けて『正観』、すなわち『正しい瞑想』といい、この瞑想以外の瞑想を名付けて『邪観』、すなわち『誤った瞑想』というのです」

第十の瞑想

釈迦牟尼仏は、阿難と韋提希夫人にむかって、こうおっしゃいました。

「無量寿仏をありありと見ることができたならば、つぎに観世音菩薩を瞑想しなさい。

この菩薩の身長は、八十万億那由他由旬といいますから、おおよそ八十×万×億×千×億×十キロメートルもあります。

おからだの色は、閻浮樹の森を流れる川の底からとれるという砂金のように、紫がかった金色で、頭頂には肉髻《にっけい》とよばれる盛り上がった部分があり、うなじには円い光の輪があります。

その円い光の輪の直径は、百千由旬といいますから、おおよそ百万キロメートルほどもあります。この円い光のなかには、釈迦牟尼仏そっくりの化仏が五百もいます。化仏ひとりひとりには、おのおの五百の化菩薩と数えきれないくらいたくさんの天人たちが、侍者としておつかえしています。

観世音菩薩の全身いたるところから放たれる光のなかには、神々の世界・人間の世界・畜生の世界・餓鬼の世界・地獄の世界という、五つの世界に暮らす生きとし生けるもののすべてのすがたかたちが、ことごとくあらわれています。

この菩薩は頭頂に、如意宝珠でつくられた宝冠をかぶっています。その宝冠の中央に、背の高さが二十五由旬といいますから、おおよそ二百五十キロメートルにおよぶ化仏が一体、立っています。

観世音菩薩のお顔の色は、閻浮提（この世）の雪山（ヒマラヤ山脈）の最北に聳える香酔山（ガンダマーダナ・ギリ）南麓にあって、冷涼で清冽な水をたたえる無熱池のほとりを流れる川の底からとれるという砂金のように、紫がかった金色です。眉間にある白毫は七種類の宝石の色をみなそなえ、八万四千種類の光明を流れ出させています。

その一つ一つの光明には、おのおの数えきれないくらいたくさんの化仏があり、その化仏のひとりひとりには、おのおの数えきれないくらいたくさんの化菩薩が、侍者としておつかえしています。これらの化仏や化菩薩はみな変幻自在で、全宇宙を満たしています。その色は、たとえていうならば、紅の蓮華の色によく似ています。

観世音菩薩は、八十億の光明を、みずからを飾るネックレスとしています。そのネックレスのなかには、不可思議な現象がなにひとつとしてあますところなく、あらわれています。てのひらは、五百億におよぶさまざまな蓮華の色で彩られています。

十本の指先の指紋には、おのおの一本あたり八万四千の模様があり、その模様はまるで判で押したように整っています。一つ一つの模様に、おのおの八万四千の色がつかわれ、それら一つ一つの色に、おのおの八万四千の光が輝いています。この光はとても軟らかで、全宇宙をくまなく照らし出しています。そして、この宝のような手をつかって、生きとし生けるものすべてを、極楽世界へみちびきいれてくださるのです。

観世音菩薩の足の裏には、仏の三十二相とされる千輻輪相《せんぷくりんそう》、すなわち千本のスポークをもつ車輪のような福相があって、足を上げると、千輻輪相はおのずから五百億の光明でつくられた台座に変化します。足を下げると、千輻輪層はダイアモンドの花々に変化して、いたるところに散り敷かれるのです。

観世音菩薩にはそのほか仏の特徴をしめすさまざまな要素がすべてそなわっていて、仏となんら変わりません。ただし、頭頂の肉髻が仏よりも低く、その頭頂をだれも見ることができないという仏の特徴をそなえていません。したがって、この点だけは、世にも尊き仏におよびません。

以上の瞑想を『観世音菩薩の真実のおすがたをまのあたりにする瞑想』といい、『第十の瞑想』というのです」


さらに、釈迦牟尼仏は阿難にむかって、こうもおっしゃいました。

「もし、観世音菩薩を見たいという願う者があるならば、いま教えたばかりの瞑想を実践しなさい。この瞑想を実践するならば、その者はもろもろの災難をのがれ、悪しき行為にゆらいする障害をきれいさっぱりぬぐい去り、際限なく輪廻転生を繰り返す罪をまぬがれるはずです。

このような菩薩は、ただそのお名前を耳にするだけでも、無限大の福徳を得られるのです。まして、そのおすがたを瞑想できるとしたら、得られる福徳はとうてい語り尽くせません。

もし、観世音菩薩を瞑想したいとおもうのであれば、まず最初に頭頂の肉髻を瞑想し、つぎに如意宝珠でつくられた宝冠を瞑想しなさい。そのほかのさまざまな特徴も順を追って瞑想し、あたかも自分の手のひらを見ているように、ありありと見えるようにつとめなさい。

この瞑想を実践することを、名付けて『正観』、すなわち『正しい瞑想』といい、この瞑想以外の瞑想を名付けて『邪観』、すなわち『誤った瞑想』というのです」

第十一の瞑想

釈迦牟尼仏は、こうお続けになりました。

「つぎに、大勢至菩薩を瞑想しなさい。

この菩薩のおからだの大きさは、観世音菩薩と同じです。

うなじにある円い光の輪の直径は、二百五十由旬といいますから、おおよそ二千五百キロメートルほどもあります。

全身いたるところから放たれる光は、紫がかった金色で、全宇宙にありとしある仏国土をすべて照らし出しています。大勢至菩薩は、この光によって、仏縁のある生きとし生けるものすべてを見ることができるのです。

大勢至菩薩の毛穴から照射される光を、たった一条でも見ることができれば、それは全宇宙の数限りない仏から照射される清らかで美しい光を、すべて見ることに匹敵します。そこで、この菩薩を無辺光、すなわち『無限の光』と呼ぶのです。

また、この菩薩は、智恵の光であまねく一切を照らし出して、生きとし生けるものを、地獄道と餓鬼道と畜生道という三途《さんず》から解き放つ、無上の力をおもちです。そこで、この菩薩を大勢至、すなわち『大いなる力をもつ者』と呼ぶのです。

この菩薩が頭上にのせている冠には、五百の宝石の花があり、その一つ一つに五百の宝石の台座があります。宝石の台座の一つ一つのなかに、全宇宙のもろもろの仏がいとなむ清らかで美しい仏国土がすべて、細大漏らさずあらわれています。

大勢至菩薩の頭頂にある肉髻は、紅色の蓮華にそっくりです。その肉髻のうえに、宝石でつくられた瓶があり、そのなかには多種多様の光明が入っていて、仏が生きとし生けるものすべてをお救いになるようすをあらわしています。

以上に述べた以外の特徴は、観世音菩薩とまったく同じで、なんら変わりません。

この菩薩が行動を起こされるときは、全宇宙のありとあらゆるところが震動します。大地が震動すると、五百億の宝石に花々が咲きほこります。その宝石の花の一つ一つは荘厳きわまりなく、まるで極楽世界のようです。

この菩薩がおすわりになるときは、下は金光仏《こんこうぶつ》のいとなむ仏国土から、上は光明王仏《こうみょうおう》のいとなむ仏国土にいたるまで、七種類の宝石でできている仏国土すべてが、時を同じくして震動します。その中間では、全宇宙を構成する原子の数に匹敵するほど、数限りなく分身していた無量寿仏と観世音菩薩と大勢至菩薩がみなそろって、極楽世界にあたかも雲のごとく集まり、極楽世界の上空をぎっしりと埋め尽くします。そして、蓮華座にすわり、このうえなく正しい教えを説いて、苦しみにさいなまれている生きとし生けるものすべてを、お救いになるのです。

この瞑想を実践することを、名付けて『正観』、すなわち『正しい瞑想』といい、この瞑想以外の瞑想を名付けて『邪観』、すなわち『誤った瞑想』というのです」

このような大勢至菩薩の瞑想を『大勢至菩薩のおすがたをまのあたりにする瞑想』といい、『第十一の瞑想』と呼ぶのです。

この菩薩を瞑想する者は、ほとんど無限大にわたり輪廻転生を繰り返す罪をまぬがれるのです。

したがって、この瞑想を実践するならば、二度とふたたび母胎のなかに生まれることなく、つねにもろもろの仏国土に遊ぶことができるのです。

以上の瞑想を成就するならば、『智恵と慈悲をともに兼ねそなえた、観世音菩薩と大勢至菩薩をまのあたりにする瞑想』といってかまいません」

第十二の瞑想

「以上の瞑想を成就したならば、まさに自分自身の心を目覚めさせなさい。

すなわち、こう瞑想するのです。いま、自分は、西方極楽世界に生まれて、蓮華のなかに結跏趺《けっかふ》坐《ざ》している。ついで、その蓮華が閉じたり、開いたりすると瞑想しなさい。

蓮華が開くとき、五百種類の光がその蓮華のなかから射してきて、自分のからだを照らすと瞑想しなさい。すると、自分の眼が開くと瞑想しなさい。そして、仏菩薩が空中を満たしているのを、自分の眼で見ていると瞑想しなさい。

そのとき、水のせせらぎも、鳥の鳴く声も、樹木のざわめきも、みなこのうえなく正しい教えを説いていると瞑想しなさい。また、それらがみな十二部経、つまり経典の本文の部分、経典の本文を要約した詩句の部分、仏弟子の未来にまつわる予言、詩句のみによる教説、質問によらず仏自身によって語られた教説、経典や戒律などのゆらいの物語、譬喩を駆使する教説、仏弟子の前世譚、仏の前世譚、広く深い教え、仏の前世における奇跡物語、教説の解説と、ことごとく一致していると瞑想しなさい。

瞑想を終えて、通常の意識状態にもどっても、瞑想した内容をよく記憶し、けっして忘れてはなりません。

以上の瞑想を成就したならば、『無量寿仏の極楽世界をまのあたりにする瞑想』といってかまいません。この瞑想を『完璧に見ることができる瞑想』といい、『第十二の瞑想』と呼ぶのです。

無量寿仏の分身は数限りなくありますから、観世音菩薩と大勢至菩薩とともに、この瞑想を実践する者のところに、いつも来てくださるのです」

第十三の瞑想

釈迦牟尼仏は阿難と韋提希夫人にむかって、こうおっしゃいました。

「もし、心から西方の極楽世界に生まれたいとおもうのであれば、まずは一丈六尺ですから、おすわりならば三メートルほどの無量寿仏のおすがたが、池の水を前にしておられると瞑想しなさい。

さきほど説いたとおり、無量寿仏のおからだの大きさは広大無辺であって、凡夫にはとうてい想像できません。しかし、かの如来は、生きとし生けるものすべてを、なにがなんでも救ってあげようという熾烈な願い、すなわち本願を、如来になる以前にお立てになっているので、その本願の力のおかげで、ご自分のすがたを瞑想したいと願う者があれば、その願いは必ずかなうのです。

このようにして、ただ無量寿仏のおすがたをおおまかにざっと瞑想するのでさえ、無限の福徳が得られるのです。まして、無量寿仏がそなえておられる外観上の特徴を完璧に瞑想できるならば、得られる福徳は言葉ではとうてい語り尽くせません。

阿弥陀仏は神通力をおもうがままに駆使できますから、全宇宙のどの仏国土であろうとも、変幻自在に出現されるのです。超巨大になって空いっぱいになることもできますし、小さくなって一条六尺や八尺になることもできます。

いずれにせよ、出現されるときのおすがたが金色に輝き、頭頂の後ろあたりから放たれる円い光のなかに化仏、すなわち救いの対象にあわせて無量寿仏がすがたを変えた仏があまたあること、また宝石の巨大な蓮華が仏のまわりにあることなどは、すでに説いたとおりです。

また、観世音菩薩と大勢至菩薩は、首から下の身体的な特徴はまったく同じですので、首から上を見て、これは観世音菩薩、これは大勢至菩薩と見分けるしかありません。このお二人の菩薩は、阿弥陀仏と協力して、生きとし生けるものすべてを教化されます。

以上の瞑想を『雑多な瞑想』といい、『第十三の瞑想』と呼ぶのです」

3 精神集中して瞑想できない凡夫が、死後、極楽世界へ往生するための九種類の方法

釈迦牟尼仏は、阿難と韋提希夫人にむかって、こうおっしゃいました。

「『上品上生《じょうぼんじょうしょう》』という往生は、こうすれば実現するのです。

もし、かの極楽世界に生まれたいと願う者は、三種類の心を起こせば、往生が定まる条件をすぐさま満たすことができます。

では、なにをもって、三種類の心というのでしょうか。

一つ目は至誠心《しじょうしん》、つまり嘘偽りのない心です。

二つ目は深心《じんしん》、つまり深い信仰心です。

三つ目は廻向発願心《えこうほつがんしん》、つまり自分の身体の領域における活動と言語の領域における活動と精神の領域における活動をすべて、極楽世界への往生にささげようとする心です。

以上の三つの心をそなえられれば、まちがいなく極楽世界に生まれることができます。

また、三種類の者たちが、極楽世界に往生できます。

では、なにをもって、三種類の者たちというのでしょうか。

一つ目は慈心《じしん》、つまり生きとし生けるものすべてを慈しむ心をもち、けっして殺さず、さまざまな戒律をまもっている者たちです。

二つ目は広大無辺の教えを説く大乗仏教の聖典を、眼で読み、声に出して読む者たちです。

三つ目は六念、つまり自分もいつかは仏になりたいとおもい、仏のお説きになった真理を理解したいとおもい、出家僧の修行を実践したいとおもい、戒律を護持したいとおもい、布施《ふせ》をおこないたいとおもい、功徳を積んで天界に生まれたいとおもう者たちです。

これらの者たちが、自分の積み重ねてきた功徳を信仰心にささげ尽くし、かの極楽世界へ生まれたいと願いつつ、そのような功徳を実践するならば、かれらは一日もしくは七日以内に、極楽世界への往生をかなえる条件が満たされるのです。

その者が極楽世界へ生まれようとするとき、その精進努力がなみなみならぬことを、阿弥陀如来はよくご存じなので、観世音菩薩や大勢至菩薩はもとより、みずからの分身として出現させた無数の化仏、百千もの出家僧や声聞、これまた無数の神々をひきつれ、七種類の宝石でつくられた宮殿とともに、その者の眼前に出現されるのです。

もう少し具体的に説明すると、観世音菩薩は以上に述べた修行を実践した者が極楽世界まで乗っていくダイアモンドの台座を手に持ち、大勢至菩薩といっしょに、その者の前にあらわれます。阿弥陀仏は超巨大な光明を放って、修行者の身体を照らし出したうえで、もろもろの菩薩たちとともに、おんみずから修行者に手をさしのべて、極楽世界へみちびいてくださいます。そして、阿弥陀仏は、観世音菩薩や大勢至菩薩をはじめとする菩薩たちといっしょになって、以上に述べた修行を実践した者をほめたたえ、その心を励ましてくださいます。

このような情景を修行者がまのあたりにして、飛び上がらんばかりに喜び、ふと我が身を見れば、なんと自分はダイアモンドの台座のうえに乗っているではありませんか。しかも、阿弥陀仏のあとを追って、一瞬のうちに、極楽世界に往生しているのです。

こうして極楽世界に生まれ終わって、あたりを見わたせば、阿弥陀仏のおからだが、仏としての特徴を完璧にそなえ、また菩薩たちも菩薩としてのおからだの特徴を完璧にそなえているのを、まのあたりにするのです。

さらに、光輝く宝石の森の木々が、最高の教えを説いているのを耳にします。その教えを聞き終わるやいなや無生法忍、すなわちこの世の事物は、それが何であれ、けっして生じることも滅することもないので、執着するにあたいしないという悟りの境地を得るのです。

また、一瞬のうちに、全宇宙のありとしある仏たちにお仕えして修行を積み、その御前でお一人お一人の仏から、あなたは未来世において必ずや悟りを開いて成仏するであろうと予言をたまわるのです。それから、もともといた仏国土に帰り、そこで無限大の記憶力を獲得して仏の教えを正しく記憶し、その記憶を駆使して、多くの人々を悟りへとみちびく力を得るのです。

以上を『上品上生の往生を実現する者』と呼ぶのです」

「つぎに『上品中生《ちゅうしょう》』という往生は、こうすれば実現するのです。

広大無辺の教えを説く大乗仏教の聖典を、必ずしもあつく信仰し、眼で読み、声に出して読むわけではないのですが、その真意をよく理解していて、常人には理解しがたい最高の真理を耳にしても驚きあわてず、善因善果悪因悪果の法則を深く信じて、大乗仏教をそんな教えは仏教ではないと誹謗しなければ、それらはすべて功徳となります。その功徳をもって、信仰心にささげ尽くし、かの極楽世界へ生まれたいと願うとしましょう。

こういう行為を実践した者がこの世における生を終えようとするとき、阿弥陀仏は紫がかった金色の台座を手にお持ちになって、観世音菩薩や大勢至菩薩をはじめ、無数の人々や従者たちにとりかこまれつつ、修行者の眼前においでになり、その者をほめたたえて、こうおっしゃるのです。

『仏の教えに忠実な我が子よ。あなたは大乗仏教の教えを実践し、最高の真理をよく理解している。そこでわたしはいま、こうしてやってきて、あなたを極楽世界へ迎え入れるのです』

そして、みずからの分身として出現させた千の化仏といっしょに、阿弥陀仏はその手を修行者にさしのべてくださるのです。

そのとき、修行者が我が身をかえりみれば、紫がかった金色の台座のうえにすわっています。修行者が十指をくみあわせて合掌し、もろもろの仏をほめたたえていると、あっという間に、極楽世界の七種類の宝石でふちどられた池のなかに生まれていることに気付くのです。

その者がすわっている紫がかった金色の台座は、あたかも巨大な宝石の花のように、一夜を過ぎて、開花します。すると、修行者のからだは、紫がかった金色に染まり、みずからの足の下にも七種類の宝石の花が咲いています。

阿弥陀仏も菩薩たちもみなそろって光明を放ち、修行者のからだを照らし出してくださいます。すると、修行者の眼はぱっちりと開きます。前世において、大乗仏教のありがたい教えを耳にしていたおかげで、極楽世界の音という音、声という声が、ひとえに深遠きわまりない教えを説いていることがわかるのです。

修行者が金色の台座から降りて、阿弥陀仏を礼拝し、合掌して、世にも尊きお方をほめたたえること七日をへれば、このうえなく正しい教えを得て、二度とふたたびあともどりしない境地に達することができるのです。

さらに、どこであろうとおもいのままに飛翔して、全宇宙のありとあらゆる仏にお仕えし、その御前においてさまざまな境地を体得するのです。こうして一小劫をへれば、無生法忍、すなわちこの世の事物は、それが何であれ、けっして生じることも滅することもないので、執着するにあたいしないという悟りの境地を得て、仏から直接、あなたは未来世において必ずや悟りを開いて成仏するであろうと予言をたまわるのです。

以上を『上品中生の往生を実現する者』と呼ぶのです」

「『上品下生《げしょう》』という往生は、こうすれば実現するのです。

善因善果悪因悪果の法則を信じ、大乗仏教をそんな教えは仏教ではないと誹謗せず、ただひたすら最高の悟りを得たいという心を起こすならば、それらはすべて功徳となります。その功徳をもって、信仰心にささげ尽くし、かの極楽世界へ生まれたいと願うとしましょう。

こういう行為を実践した者がこの世における生を終えようとするとき、阿弥陀仏は金色の蓮華を手にお持ちになり、観世音菩薩や大勢至菩薩をはじめ、もろもろの従者たち、ならびにみずからの分身として出現させた五百の化仏とともに、修行者のところにおいでになり、極楽世界へと迎えてくださるのです。

そのとき、五百の化仏はみなそろって修行者に手をさしのべ、修行者をほめたたえて、こうおっしゃるのです。

『仏の教えに忠実な我が子よ。あなたはいま、あらゆる汚れをまぬがれ、最高の真理をもとめる心を起こしている。そこでわたしはこうしてやってきて、あなたを極楽世界へ迎え入れるのです』

修行者がこの情景をまのあたりにして、ふとみずからのからだをかえり見れば、自分は金色の蓮華のなかにすわろうしています。修行者が蓮華のなかにすわると、蓮華の花弁が閉じ、阿弥陀仏のあとを追って極楽世界へいたり、あっという間に、極楽世界の七種類の宝石でふちどられた池のなかに生まれているのです。

そして、一昼夜をへて蓮華が花開き、七日のうちに阿弥陀仏を自分の眼で見ることができます。ただし、阿弥陀仏のおからだを見ることができるといっても、この段階では仏としての特徴をなにからなにまで、ありありと見られるわけではありません。それができるようになるには、二十一日間が必要です。

そうなると、極楽世界の音という音、声という声は、仏のすばらしい教えを語っていることがわかります。

さらに、全宇宙のありとあらゆる仏のところに自在に行き来し、お仕えして、その御前においてこのうえなく深い教えを聞くことができます。

こうして、三小劫《さんしょうこう》をへれば、百法明門《ひゃっぽうみょうもん》、すなわち百の真理に通じる智恵を体得し、歓喜あふれる境地に安住することができるのです。

以上を『上品下生の往生を実現する者』と呼ぶのです。

ここまで述べてきた三種類の瞑想を『上位の者のための三種類の往生の瞑想』といい、『第十四の瞑想』と呼ぶのです」

第十五の瞑想

釈迦牟尼仏は、阿難と韋提希夫人にむかって、こうおっしゃいました。

「『中品《ちゅうぼん》上生』という往生は、こうすれば実現するのです。

まず、五戒をまもりなさい。すなわち殺生をせず、盗まず、妻や夫以外の者とは性行為をせず、悟ってもいないのに悟ったと嘘をつかず、酒を飲まないようにつとめなさい。

ついで、八戒斎《はっかいさい》をたもちなさい。すなわち、いま述べた五戒にくわえて、身を飾らず、歌ったり踊ったりせず、またそれを見て楽しんだりもせず、寝心地の良い寝台には寝ず、正午を過ぎたらいっさい飲食しないようにつとめなさい。

また、もろもろの戒を実践して、五逆の罪をつくらないようになさい。すなわち、父を殺さず、母を殺さず、羅漢《らかん》を殺さず、仏の身体を傷つけず、出家僧から構成される教団の秩序を乱さないようにつとめなさい。
このようにつとめた結果、さまざまな艱難辛苦《かんなんしんく》をまぬかれるのであれば、それは良い果報を得られる原資となります。この良い果報を得られる原資をもって、信仰心にささげ尽くし、かの極楽世界へ生まれたいと願うとしましょう。

こういう行為を実践した者がこの世における生を終えようとするとき、阿弥陀仏は、あまたの出家僧や従者たちとともに、金色の光を放ちながら、その者のところにおいでになります。そして、苦と空と無常と無我について、説法してくださいます。すなわち、苦の原因とその克服法について、この世の森羅万象が実在はしていないという真理について、この世に永遠不滅なるものはなにひとつないという真理について、我という実体はどこを探しても見つからないという真理について、説法してくださいます。

また、いま臨終の床にある者が、在家のままで修行を積んできたおかげで、もろもろの苦しみから逃れられるのを、ほめたたえてくださいます。

こういう情景をまのあたりにして、修行者の心には歓喜に満ちあふれます。ふとみずからのからだをかえり見れば、いつのまにか蓮華の台座のうえにすわっているではないですか。

嬉しさのあまり、阿弥陀仏にむかって、五体を投じて礼拝し、合掌して、まだ頭を上げないうちに、その身はすでに極楽世界に生まれているのです。

ちょうどそのとき、蓮華の花弁が開きます。花弁が開くとき、さまざまな音声が、苦と集と滅と道からなる四諦《したい》をほめたたえているのを耳にします。すなわち、この世に生存することは苦にほかならないという真理。苦には尽きることのない性欲に代表される無明《むみょう》という原因があるという真理。無明を滅すれば、悟りが得られるという真理。悟りへの道は確かにあるという真理。これらの真理を耳にするのです。

それを耳にした修行者はたちどころに阿羅漢の境地を得て、三明《さんみょう》と六通《ろくつう》を獲得します。すなわち、自分と他人の過去世を知る宿住智証明《しゅくじゅうちしょうみょう》、生きとし生けるものの未来の生死を知る死生智証明、仏法の真理を知り煩悩を断絶する漏尽智証明《ろじんちしょうみょう》という三つの智恵を獲得します。また、世界中どこでも透視できる天眼通《てんげんつう》、自分と他人の過去世を知る宿命通、煩悩を断絶して悟りを得る漏尽通《ろじんつう》、空中飛行できる神足通《じんそくつう》、世界中の声を聞ける天耳通《てんにつう》、他人の心中を知る他心通という六つの神通力を獲得します。

さらに、八解脱《はちげだつ》も成就します。すなわち、物質的な存在に対する知覚をもつ者が、外界に物質的な存在を感知する第一の解脱。心のなかに物質的ではない存在に対する知覚をもつ者が、外界に物質的な存在を感知する第二の解脱。物質的な存在も物質的ではない存在も、ともに汚れなく清らかなものと認識する第三の解脱。心のなかに物質的な存在に対する知覚も物質的ではない存在に対する知覚もともに存在せず、すべては無限の虚空《こくう》にほかならないと見抜く第四の解脱。第四の解脱を超越して、すべては無限の意識にほかならないと見抜く第五の解脱。第五の解脱を超越して、なにものも存在しないと見抜く第六の解脱。第六の解脱を超越して、知覚があるのでもなく知覚がないのでもないと見抜く第七の解脱。第七の解脱を超越して、認識が生まれる前の瞬間に経験する感覚的な印象も、生まれたばかりの認識も、ともに消滅する第八の解脱。これらの解脱をすべて成就します。

以上を『中品上生』の往生を実現する者』と呼ぶのです」

「『中品中生』という往生は、こうすれば実現するのです。

人々よ。一昼夜にわたって八戒斎をたもちなさい。あるいは、一昼夜にわたって沙弥戒《しゃみかい》、すなわち見習い僧としての戒をたもちなさい。あるいは、一昼夜にわたって具足戒《ぐそくかい》、すなわち出家僧がたもつべき戒と同じ戒をたもちなさい。

このようにつとめ、行住坐臥になにひとつ欠けることがなければ、それは功徳となります。この功徳をもって、信仰心にささげ尽くし、かの極楽世界へ生まれたいと願うとしましょう。

このように、戒をたもつという香り高い徳を体得した修行者は、この世における生を終えようとするとき、阿弥陀仏は、あまたの者たちとともに、金色の光を放ち、七種類の宝石でつくられた蓮華をお持ちになって、自分のところにおいでになるのを、まのあたりにするのです。

そして、修行者は、自分をほめたたえる声が空中からとどろくのを、耳にします。『仏の教えに忠実な息子よ。あなたこそは善人にほかなりません。過去と現在と未来の仏たちの教えに忠実にしたがっているからこそ、わたしはここにこうして迎えに来ているのです』

こういう声を耳にして、ふとみずからのからだをかえり見れば、いつのまにか蓮華のうえにすわっているではないですか。

蓮華の花弁が閉じたかとおもうと、あっという間に西方の極楽世界へ生まれ、宝石でふちどられた池のなかにいるのです。そして、七日をへると、蓮華の花弁が開きます。

蓮華の花弁が開くと、修行者は眼をあけて、合掌し、世にも尊きお方をほめたたえることになります。そのお方の説法を聞いて喜びに満ちあふれ、須陀洹《しゅだおん》という聖人、すなわち四諦《したい》の真理を悟って、小乗仏教の四段階ある聖人の位のうち、最初の位の聖人となり、そのまま一劫の半分にあたる期間にわたって修行をつづければ、阿羅漢となれるのです。

以上を『中品中生』の往生を実現する者』と呼ぶのです」

「『中品下生』という往生は、こうすれば実現するのです。

仏の教えに忠実な息子たちよ。あるいは、仏の教えに忠実な娘たちよ。父母に孝養を尽くし、博愛の精神にもとづいて行動しなさい。

いま述べたことを実践してきたならば、その人は、この世における生を終えようとするとき、仏の教えに精通する人から、阿弥陀仏の仏国土がいかにすばらしいかをつぶさに聞いたり、法蔵比丘が阿弥陀仏になる前に誓った四十八願について説法してもらえます。

そして、それらの話を聞き終わったと同時に、この世における生を終えたとき、屈強な男性がその臂《ひじ》を屈伸するほどの短い時間のうちに、西方の極楽世界に生まれているのです。極楽世界に生まれて七日をへれば、観世音菩薩と大勢至菩薩にお会いして、お二人から説法していただき、歓喜するのです。そののち、一小劫にわたって修行を積めば、阿羅漢となれるのです。

以上を『中品下生』の往生を実現する者』と呼びます。

また、ここまで述べてきた『中品の三種類の往生の瞑想』を『中位の者のための往生の瞑想』といい、『第十五の瞑想』と呼ぶのです」

第十六の瞑想

釈迦牟尼仏は、阿難と韋提希夫人にむかって、こうおっしゃいました。

「『下品上生《げぼん》』という往生は、こうすれば実現するのです。

ここにもろもろの悪業《あくごう》を重ねた者がいるとしましょう。たとえば、深遠な大乗仏典を誹謗したりするなど、悪事をあまたなしていながら、この愚か者はいっこうに反省しません。

しかし、このような悪人であっても、この世における生を終えようとするとき、仏の教えに精通する人がその者のために大乗十二部経、すなわち経典の本文の部分、経典の本文を要約した詩句の部分、仏弟子の未来にまつわる予言、詩句のみによる教説、質問によらず仏自身によって語られた教説、経典や戒律などのゆらいの物語、譬喩を駆使する教説、仏弟子の前世譚、仏の前世譚、広く深い教え、仏の前世における奇跡物語、教説の解説の、表題の部分をとなえたりたたえたりするとしましょう。このようにして、大乗仏典の表題の部分を耳にするだけで、その者は、千劫にもおよぶ期間に重ねてきた悪業をことごとく消去することができるのです。

また、仏の教えに精通する人がその者を指導して、十本の指を組んで合掌させ、『南無阿弥陀仏』と称えるとしましょう。そうすれば、仏のお名前を称えたおかげで、五十億劫にもおよぶ期間にわたって輪廻転生しなければならない罪をまぬかれるのです。

こうしてかの悪人は修行者となり、その修行者がいよいよこの世における生を終えようとするとき、阿弥陀仏は、みずからの化身ならびに化身の観世音菩薩と化身の大勢至菩薩を、臨終の床に派遣し、その修行者をほめたたえて、こうおっしゃるのです。

『仏の教えに忠実な息子よ。仏のお名前をとなえたおかげで、あなたが犯してきたもろもろの罪は消滅しました。そこで、わたしはこうしてあなたのところに迎えに来たのです』

化身の阿弥陀仏がこう述べ終わった瞬間、修行者は自分がいまいる部屋が、化身の仏菩薩から放たれる光明に満ちあふれるのを、まのあたりにします。この情景を見終わるやいなや、修行者は喜びに満ちあふれ、そのままこの世における生を終えます。

そして、宝石でつくられた蓮華に乗り、化身の仏菩薩たちのあとを追って、極楽世界の宝石でふちどられた池のなかに生まれるのです。

極楽世界に生まれて四十九日をへれば、蓮華の花弁が開きます。蓮華の花弁が開く瞬間、大いなる慈悲の持ち主である観世音菩薩と大勢至菩薩は、巨大な光明を放ちながら、その者の眼前にお立ちになり、その修行者のために、深遠きわまりない大乗十二部経をお説きになります。

その修行者は観世音菩薩と大勢至菩薩のよる説法を聞き終わると、深い信仰心を起こし、最高の悟りを求めたいと心に誓います。こうして十小劫にわたり修行をつづければ、百法明門、すなわち百の真理に通じる智恵を体得し、歓喜あふれる境地に安住することができるのです。

以上を『下品上生』の往生を実現する者』と呼びます。

この往生が実現するゆえんは、仏法僧の三宝の名を耳にできたからにほかなりません。ようするに、三宝の名を耳にすることこそ、極楽往生の極意なのです」

釈迦牟尼仏は、阿難と韋提希夫人にむかって、こうおっしゃいました。

「『下品中生』という往生は、こうすれば実現するのです。

ここにもろもろの悪業を重ねた者がいるとしましょう。その者は、五戒を犯し、八戒を犯し、具足戒も犯しています。この愚か者は、お寺の財産や不動産を盗み、出家僧たちの生活物資を盗み、おのれの名声欲や利益のためにもっともらしい説法をして、いっこうに反省しません。まさに悪業をもって、みずからを飾っているのです。

このような罪人は、みずからが積み重ねてきた悪業ゆえに、地獄に堕ちるのが関の山です。実際に、この世における生を終えようとするとき、地獄の猛火がどっと押し寄せてきます。

ところが、仏の教えに精通する人が、大いなる慈悲の心を起こして、その罪人のために、阿弥陀仏のもつ十の特別な力がいかに偉大であるかを説いてくれたとしましょう。すなわち、因果の道理にかなっているか、いないかを見抜く力。生きとし生けるものすべてのおこないとそのむくいを見抜く力。ありとあらゆる種類の瞑想を見抜く力。生きとし生けるものすべての能力の優劣を見抜く力。生きとし生けるものすべてのねがいを見抜く力。生きとし生けるものすべての性質を見抜く力。生きとし生けるものすべてを、ありとあらゆる境遇や境地にみちびくためはどうすれば良いのかを見抜く力。過去世のことを正しく記憶しておく力。生きとし生けるものすべての死と生を見抜く力。煩悩が尽き果てたことを見抜く力が、いかに偉大であるかを説いてくれたとしましょう。また、阿弥陀仏の光明がもつ神秘的な力を説いてくれたとしましょう。さらに、戒律と瞑想と智恵と輪廻転生からの解放とあらゆる束縛から解き放たれた智恵をほめたたえてくれたとしましょう。

これらの説法を聞いた者は、八十億劫にもおよぶ期間にわたって輪廻転生しなければならない罪をまぬかれるのです。地獄の猛火は涼しい風と変わり、さまざまな天上界の花々を吹きそよがせます。

それらの花々のうえにはみな、仏菩薩の化身が乗っていて、その者を迎えに来てくださいます。そして、一瞬のうちに、極楽世界の七種類の宝石でふちどられた池に生えている蓮華のなかに生まれているのです。

蓮華のなかで六劫を過ごすと、花弁が開きます。花弁が開くとき、観世音菩薩と大勢至菩薩が、たとえようもなく清らかなお声を放って、かの者の心を安らかにするために、大乗仏教の深遠きわまりない教えをお説きになります。

この説法を聞き終わるやいなや、かの者は、最高の悟りを求めるこころを起こすのです。

以上を『下品中生』の往生を実現する者』と呼びます」


釈迦牟尼仏は、阿難と韋提希夫人にむかって、こうおっしゃいました。

「『下品下生』という往生は、こうすれば実現するのです。

ここに不善な行為のなかでも最悪の行為ばかりをかさねてきた者がいるとしましょう。その者は、たとえば五逆、すなわち父を殺し、母を殺し、羅漢を殺し、仏の身体を傷つけ、出家僧から構成される教団の秩序を乱すという悪業をかさねています。また十悪、すなわち生命あるものを殺し、他人の財貨を盗み、淫らな性行為にふけり、悟ってもいないのに悟ったと嘘をつき、有ること無いことを言いふらして人々を仲違いさせ、聞くに堪えない汚いののしりの言葉を吐き、嘘偽りばかりの言葉を吐き、際限のない欲望に身をゆだね、怒りに満ちあふれ、真理に眼をそむけるという悪業をかさねています。そのほかにも、悪事という悪事をかさねています。

このような愚かきわまりない者は、みずからがなしてきた悪業のむくいをうけて、この世における生を終えれば、地獄と餓鬼と畜生という三つの境涯に堕ち、ほとんど無限の時間にわたって、苦しみつづけるのです。

このような愚かきわまりない者が、この世における生を終えようとするとき、仏の教えに精通する人から、「心安らかになさい」といろいろ慰められ、仏のたとえようもなく尊い教えを説いてもらい、「仏のおすがたを瞑想しなさい」とさとされたとしましょう。

しかし、せっかくこうさとされても、かの者は苦しみに責めさいなまれるばかりで、仏のおすがたを瞑想する余裕などまったくありません。そこで、仏の教えに精通する人は、断末魔の者にむかって、こう言うのです。

『あなたね、もし仏のおすがたを瞑想することができないのならば、無量寿仏のお名前を称えなさい』

そう教えられて、かの者は、心を込めて、声のつづくかぎり、『南無阿弥陀仏』と十回、称えるのです。こうして、阿弥陀仏のお名前を、一回また一回と称えるたびに、八十億劫にもおよび輪廻転生しなければならない罪が消去され、命が終わるときには、金色に輝く蓮華が、あたかも日輪のように、自分の眼前にあらわれるのを見るのです。

こうして、あっという間に極楽世界に生まれ、蓮華のなかで十二大劫をへれば、蓮華の花弁が開きます。蓮華の花弁が開くと、観世音菩薩と大勢至菩薩が、まことに慈悲深いお声で、かの者のために、なにひとつとして虚飾のない、ありのままの真実について、さらにこれまで積み重ねてきた罪を滅する方法について、説いてくださいます。

その説法を聞き終わるやいなや、かの者は喜びに満ちあふれ、たちどころに悟りを求める心を起こすのです。

以上を『下品下生』の往生を実現する者』と呼びます。

また、ここまで述べてきた『下品の三種類の往生の瞑想』を『下位の者のための往生の瞑想』といい、『第十六の瞑想』と呼ぶのです」

4　以上の教えから得られる利益について

このように釈迦牟尼仏が説法なさったとき、韋提希夫人は五百人の侍女たちとともに、説法をお聞きし、たちどころに極楽世界の縦も横もじつに広大なありさまをまのあたりにしました。

さらに、阿弥陀仏のおすがたはもちろん、観世音菩薩と大勢至菩薩のお二人の菩薩を我が眼で見て、心は喜びに満たされ、こんなことはかつてなかったと讃歎し、疑いはきれいさっぱりぬぐい去られて無生忍《むしょうにん》、すなわちこの世の事物は、それが何であれ、けっして生じることも滅することもないので、執着するにあたいしないという悟りの境地を得たのでした。

五百人の侍女たちも、このうえなく正しい悟りを得たいという心を起こし、かの極楽世界へ生まれたいと願ったのでした。

すると、世にも尊きお方、すなわち釈迦牟尼仏は、韋提希夫人と侍女たちにむかって、こうおっしゃいました。

「ここにいる者はみな、まちがいなく極楽世界に生まれるでしょう。かの極楽世界に生まれたあかつきには、もろもろの仏たちをまのあたりにする瞑想を成就するでしょう」と予言なさいました。
このとき、数限りない神々もまた、最高の悟りを求める心を起こしたのでした。

5 結論

このようにして釈迦牟尼仏が説法を終えられたとき、阿難はそれまですわっていた座から立ちあがり、釈迦牟尼仏の御前にすすみでて、こう申し上げました。

「世にも尊きお方さま。いまお説きになった経典の表題はいかがいたしましょうか。また、どのように受けとめたら、よろしいのでしょうか」

こう問われて、釈迦牟尼仏は阿難にこうお答えになりました。

「この経典には、『極楽国土ならびに無量寿仏と観世音菩薩と大勢至菩薩を瞑想する「経」』という表題をつけなさい。あるいは、『積み重ねてきた悪業による障害を浄化して消去し、もろもろの仏たちの御前に生まれる「経」』という表題をつけなさい。

あなたはこの経典をよくおぼえておいて、けっして忘れないようにつとめさない。

この仏の瞑想を実践する者は、生きながらにして、無量寿仏ならびに観世音菩薩と大勢至菩薩をまのあたりすることができます。

また、信仰あつき男女が、ただ無量寿仏のお名前ならびに観世音菩薩と大勢至菩薩のお名前を耳にするだけでも、いつまでもいつまでも輪廻転生しつづけなければならない罪を、きれいさっぱりとりのぞくことができるのです。

ましてそのお名前をよくおぼえて忘れない功徳といったら、いまさら言うまでもありません。さらに、無量寿仏のおすがたを瞑想したり、そのお名前を称えたりするならば、この人は人間界における蓮華のような存在だということを、肝に銘じなさい。観世音菩薩と大勢至菩薩がこの人にとって、無二の親友となってくださるのです。そして、この人は、悟りの座にすわり、もろもろの仏たちの家に生まれるでしょう」

釈迦牟尼仏は阿難にこうお答えになると、こうもおっしゃいました。

「阿難さん。いまわたしが言ったことをよくおぼえておきなさい。いまわたしが言ったこととは、無量寿仏のお名前をよくおぼえておくことにほかなりません」

釈迦牟尼仏がこうおっしゃったとき、仏弟子のなかでも神通力において第一とされる目犍連、阿難、そして韋提希夫人は、釈迦牟尼仏の説法のすばらしさに、みなそろって心をおおいなる喜びに満たされたのでした。

6　耆闍崛山において、阿難が釈迦牟尼仏の説法をふたたび説いたことについて

こうして説法を終えられると、釈迦牟尼仏は空中を歩いて、耆闍崛山におもどりになりました。釈迦牟尼仏がおもどりになると、阿難は耆闍崛山において、さきほど釈迦牟尼仏がなさった説法を聞けなかった多くの者たちのために、釈迦牟尼仏がなさった説法をそっくりそのまま説きました。その説法を聞いて、数限りない神々と龍と夜叉《やしゃ》たちは、みなそろって心を喜びに満たされ、釈迦牟尼仏に礼拝して、帰って行きました。

第Ⅳ部　解説

1　浄土三部経

浄土三部経の由来

日本仏教で浄土信仰といえば、阿弥陀仏（如来）への帰依と極楽浄土への往生を願う方向が圧倒的に優位を占めてきました。弥勒《みろく》菩薩あるいは弥勒仏（如来）への帰依と弥勒浄土（兜率天《とそつてん》）への往生を願う方向もありましたが、少数派にとどまりました。ですから、日本の浄土信仰とは、おおむね阿弥陀仏（如来）への帰依と極楽浄土への往生を中核とする信仰とみなしていいと思います。

このような日本の浄土信仰では、『無量寿経《むりょうじゅきょう》』・『観無量寿経』・『阿弥陀経』を「浄土三部経」と一括し、浄土信仰の基本経典とみなす伝統があります。もっとも、「浄土三部経」という発想は、インド仏教にも中国仏教にもありませんでした。浄土宗の祖となった法然《ほうねん》（一一三三〜一二一二）が、著作の『選択本願念仏集《せんちゃくほんがんねんぶつしゅう》』のなかで、以下の引用にあるとおり、提唱したのが最初です。

次に往生浄土門とは、これについて二あり。一は正《まさ》しく往生浄土を明かすの教へ、二は傍《かたは》らに往生浄土を明かすの教へなり。

初めに「正しく往生浄土を明かすの教へ」といふは、謂《い》はく三経・一論なり。三経とは、一には無量寿経、二は観無量寿経、三は阿弥陀経なり。一論とは、天親の往生論これなり。或いはこの三経を指して三部経と号す。
問うて曰く、三部経の名、またその例ありや。答へて曰く、三部経の名その例一にあらず。一は法華の三部。謂はく無量義経・法華経・普賢観経これなり。……
今はただこれ弥陀の三部なり。故《かるがゆえ》に浄土の三部経と名づくるなり。弥陀の三部は、これ浄土の正依《しょうえ》の経なり。

（岩波文庫『選択本願念仏集』、法然著・大橋俊雄校注、岩波書店、一五～一六頁）

現代語訳すると、こうなります。

浄土へ往生する教えには、二つあります。一つは主題として、浄土へ往生するにはどうしたら良いか、を明らかにする教えです。もう一つは、浄土への往生が主題となっておらず、副次的に浄土へ往生するにはどうしたら良いか、を明らかにする教えです。
まず、「主題として、浄土へ往生するにはどうしたら良いか、を明らかにする教え」というのは、三つの経典と一つの論書（宗教哲学書）です。三つの経典とは、一つ目には無量寿経、二つ目は観無量寿経、三つ目は阿弥陀経です。一つの論書とは、（インドの瑜伽唯識《ゆがゆいしき》派の大学僧として有名な）天親《てんしん》（ヴァスバンドゥ／世親　四～五世紀頃）が書いた往生論（無量寿経優婆提舎《むりょうじゅきょううばだいしゃ》願生偈《がんしょうげ》）です。あるいは、これらの三つの経典を指して三部経と呼ぶこともあります。

お尋ねします。三部経という呼称は、他にその例があるのでしょうか。お答えしましょう。三部経という呼称は一つではありません。一つの例は法華三部経で、無量義経・法華経・普賢観経です。……

いま、わたしが言及しているのは阿弥陀仏の三部経です。したがって、浄土三部経と名付けるのです。阿弥陀仏の三部経は、浄土（往生）にとって、正しく拠り所となる経典です。

違っていてもどれも不可欠

「浄土三部経」のうち、「『無量寿経』と『阿弥陀経』とは、初期大乗経典に分類され、ほぼ同時期に事情を異にして編纂されたもの」（末木文美士「阿弥陀仏浄土の誕生」『シリーズ大乗仏教5　仏と浄土　大乗仏典II』春秋社、二一五頁）と考えられています。

『観無量寿経』は、サンスクリット本（梵本）が見つからず、チベット訳本も伝わらず、漢文で表記された版本しかないこともあって、中央アジアか中国で撰述された可能性があります。その成立も、『無量寿経』や『阿弥陀経』に比べると、かなり遅れます。したがって、『無量寿経』や『阿弥陀経』と同列に取り扱われる資料とはなりえないとみなされています（藤田宏達『原始浄土思想の研究』岩波書店、一三二頁）。

また、「三部経」といっても、文章の量にはかなり大きな差があります。仮に最も規模の小さい

『阿弥陀経』を一とすると、『無量寿経』:『観無量寿経』:『阿弥陀経』は、十:四:一くらいになります。

日本の浄土信仰では、「三部経のうちで『観無量寿経』は浄土宗により、『無量寿経』は浄土真宗により、『阿弥陀経』は時宗によって特に強調される傾向がある」（早島鏡正「浄土三部経解説」『浄土三部経（下）』岩波文庫、二五八頁）と言われます。しかし、それはあくまで「傾向」であって、それぞれの宗派が三部経のうちの一つだけを選んだということではありません。とりわけ、各宗派における教義の形成は、これら三つの経典が互いに深くかかわりあうことでなされてきたのです。

『無量寿経』

以上のとおり、「浄土三部経」のうち、最古かつ最大の経典は『無量寿経』です。そこで、まずは『無量寿経』について考察します。

『無量寿経』は、サンスクリット本、サンスクリット本からのチベット訳本（八世紀初頭）、漢訳本のほかに、漢訳本からのチベット訳本、ウイグル訳本、西夏《せいか》訳本などが現存しています。多くの大乗経典と同じように、『無量寿経』においても、漢訳本のほうがサンスクリット本（梵本）よりも、古い形態をとどめています。

漢訳本は伝統的に、「五存七欠十二訳」と称されてきました。つまり、十二回にわたり翻訳されたうち、七本は失われ、以下にあげる五本が現存しているという意味です。記述の順番は、訳者・

訳出年代・経典名・別名・巻数です。

①支謙《しけん》（二二三〜二二八）？／支婁迦讖《しるかせん》（一四七〜一八六）？『仏説阿弥陀三耶三仏薩楼仏檀過度《ぶっせつあみださんやさんぶつさつるぶつだんかど》人道経《にんどうきょう》（大阿弥陀経／呉訳）』二巻

②支婁迦讖《しるかせん》／帛延《はくえん》？『無量清浄平等覚経《むりょうしょうじょうびょうどうかくきょう》（平等覚経／漢訳）』四巻

③康僧鎧《こうそうがい》（二五二）？『仏説無量寿経（大無量寿経／大経／魏訳）』二巻

④菩提流志《ぼだいるし》（七〇六〜七一三）『無量寿如来会（唐訳）』二巻

⑤法賢《ほっけん》（九八〇）『大乗無量寿荘厳経（荘厳経／宋訳）』二巻

このうち、③康僧鎧（二五二）『仏説無量寿経（大無量寿経／大経／魏訳）』二巻は、実際には康僧鎧による訳本ではなく、仏陀跋陀羅《ぶっだばだら》（三五九〜四二九）と宝雲（？〜四四九）が、南朝の宋の永初二年（四二一）に、共訳した版本（藤田宏達『原始浄土思想の研究』七四〜七五頁）とみなされています。かつては、竺法護《じくほうご》（二三九〜三一六）による訳出という説もありましたが、現在では否定されています。

現存するサンスクリット本の多くは、ネパールで発見されました。大半は十七世紀以降の写本で、最古と推測される写本でも十四〜十五世紀までくだります。内容は、桜部建氏によれば、④菩提流志訳の『無量寿如来会（唐訳）』に比較的よく似ています（『浄土三部経』中央公論新社、三〇一頁）。

それに比べると、最古の漢訳本は支謙や支婁迦讖によって訳出されていますから、早ければ二世紀の後半期にまでさかのぼる可能性があります。

ただし、中国や日本の浄土信仰において、最もよく使われてきたのは、支謙や支婁迦讖による訳本ではありません。伝統説では康僧鎧による訳、実際には仏陀跋陀羅と宝雲の共訳による『仏説無量寿経』です。本書で『無量寿経』と表記するとき、それはこの訳本を意味しています。

三毒五悪段

この『無量寿経』のほか、①『仏説阿弥陀三耶三仏薩楼仏檀過度人道経（大阿弥陀経／呉訳）』と②『無量清浄平等覚経（平等覚経／漢訳）』には、「三毒五悪段」あるいは「五悪段」あるいは「悲《ひ》化《け》段」と呼ばれてきた部分が含まれています。内容は、三毒《さんどく》（貪欲と怒りと愚かさ）や五毒（殺生と偸盗《ちゅうとう》と邪淫と妄語《もうご》と飲酒）ゆえに穢土《えど》で苦しむ人々に、善行の実践をすすめつつも、最終的な解決法は「厭離穢土《おんりえど》欣求浄土《ごんぐじょうど》」しかないと説いていて、浄土思想を考えるとき、とても重要です。

重要性は、経典全体に占める割合を見ても、よくわかります。たとえば、『無量寿経』では全体の約四分の一にもあたるのです。

ところが、この部分は、④菩提流志訳の『無量寿如来会（唐訳）』二巻や⑤法賢訳の『大乗無量寿荘厳経（荘厳経／宋訳）』二巻には、見当たりません。また、どのサンスクリット本にも見当たりません。さらに、中国の固有宗教とされる道教や儒教、もしくは神仙思想に由来するらしい用語が見られます。ということは、中国で翻訳される際に、あらたに加筆された可能性もあります。

この点について、末木文美士氏は①『仏説阿弥陀三耶三仏薩楼仏檀過度人道経（大阿弥陀経／呉訳）』を考察する論考で、この経典こそが原点と指摘したうえで、「現段階ではインド撰述、中国撰述いずれとも断定できる強い根拠はない。ただ、本段に用いられた訳語を前段までのものと較べてみると、……ここだけ訳語が変わるということはない。それ故、漢訳された後、この箇所を別の人が挿入したということは考えられず、翻訳が成立した段階ですでに入っていたと考えるべきである」（「阿弥陀仏浄土の誕生」二三四頁）と述べています。

つまり、①『仏説阿弥陀三耶三仏薩楼仏檀過度人道経（大阿弥陀経／呉訳）』が漢訳された段階で、すでに「三毒五悪段」が入っていて、それを②『無量清浄平等覚経（平等覚経／漢訳）』と『無量寿経』が引き継いだようです。

『無量寿経』の成立過程

最初期の『無量寿経』の成立過程やその漢訳出については、仏教経典の成立や訳出の研究に、音韻学を導入して、画期的な成果を上げた辛嶋静志氏は、こう述べています。

《無量寿経》の最古の漢訳は、『大阿弥陀経（阿弥陀三耶三仏薩楼仏檀過度人道経）』と通称されるが、本来の経題は『阿弥陀経』で、小経『阿弥陀経』が翻訳された後に、それと区別するために唐代以降「大」が加えられたようである。この『阿弥陀経』という題からは、Amitāha-/Amidāha-vyūha（<Amitābha-vyūha）という原語が推定される。

訳者に関しては、……『大阿弥陀経』が支婁迦讖訳で、（その異訳本の）『無量清浄平等覚経』が支謙訳であるのは、言語的に疑う余地がない。

……

支婁迦讖訳『大阿弥陀経』の直接の原典は、おそらくガンダーラ語であったであろう。この経典がそもそもガンダーラ語で創られた可能性は高い。

（「大乗仏教とガンダーラ──般若経・阿弥陀・観音──」『創価大学　国際仏教学高等研究所年報　平成25年度（第17号）』四六五頁）

『大阿弥陀経』に見えるさまざまな音写語から判断して、《無量寿経》は本来ガンダーラ語で伝承されていたと考えられる。それに対して《阿弥陀経》は、《無量寿経》よりも成立が遅く、最初から（仏教）梵語で創られたと考えられる。

（「大乗仏教とガンダーラ──般若経・阿弥陀・観音──」同、四六八頁）

もし、辛嶋氏の指摘が正しいとすれば、阿弥陀仏に対する信仰は、起源の地がどこであったかはともかく、現在はパキスタンの北西部に位置するガンダーラ地方ではぐくまれたことになります。

『阿弥陀経』

『阿弥陀経』は、サンスクリット本、サンスクリット本からのチベット訳本（八世紀中頃〜九世紀前半）、漢訳本があります。サンスクリット本（オックスフォード本）は、日本に伝来していた悉曇《しったん》『阿弥陀経』が原本です。悉曇『阿弥陀経』は、平安初期に、慈覚大師《じかくだいし》円仁《えんにん》（七九四〜八六四）が留学先の唐から持ち帰ったものでした。この原本を、東洋学や仏教学に偉大な足跡を残し、かれに師事した日本人の留学生を介して、日本における近代的な仏教学の導入に多大の功績のあったフリードリヒ・マックス・ミュラー（一八二三〜一九〇〇）が、校訂して出版した版本がオックスフォード本です。校訂に際しては、当時、イギリスに留学していた南條文雄ならびに笠原研壽が協力しています。

漢訳本は、「三存一欠」といって、もともと三訳あったと伝えられますが、現存するのは以下にあげる二本です。

①鳩摩羅什《くまらじゅう》（四〇二頃）『仏説阿弥陀経』一巻
②玄奘《げんじょう》（六五〇）『称讃浄土《しょうさんじょうど》仏摂受経《ぶつしょうじゅきょう》』一巻

このうち、日本の浄土信仰でもちいられてきたのは、もっぱら鳩摩羅什（クマーラジーヴァ　三四四〜四一三／三五〇〜四〇九）が訳出した『仏説阿弥陀経』です。この訳本はオックスフォード本に最も近いうえに、訳文が簡素かつ流麗なことで知られています。しかも、声に出して読み上げたときに、耳にもひじょうに快く響くことから、尊重されてきました。ちなみに、チベット訳本もオックスフォード本とほぼ一致しています。

一方、「三蔵法師」こと玄奘（六〇二～六六四）が訳出した『称賛浄土仏摂受経』は、同じサンスクリット本でも、オックスフォード本と比較すると、かなり大幅に増広されています。原本が編纂された時期も、四世紀以降までくだるようです。ただし、どういうわけか、尊重されず、研究もほとんどされてきませんでした。

玄奘は自分の訳業こそ決定版であり、鳩摩羅什の訳業は正確さを欠くといって、批判的でした。しかし、訳文のもつ魅力、あるいは文学性において、玄奘は鳩摩羅什にかなわったようです。「学術的な価値こそ認められたものの、人々が読み続けたのは、その後もやはり鳩摩羅什訳だった」（船山徹『仏典はどう漢訳されたのか―スートラが経典になるとき』岩波書店、一〇五頁）のです。

『阿弥陀経』の成立過程

『無量寿経』と『阿弥陀経』の大きな違いの一つは、『無量寿経』の場合、釈迦牟尼仏が弟子の舎《しゃ》利弗《りほつ》から質問され、その質問に答えるという形式を採用しているのに対し、『阿弥陀経』の場合は「無問自答」あるいは「無問自説」、つまり釈迦牟尼仏が質問されることなく、みずからの意志で法を説いている点です。

説かれている内容にも違いがあるので、以下に要点をあげてみます。

①『無量寿経』では阿弥陀仏の前身とされる法蔵《ほうぞう》比丘の物語とその本願が詳しく説かれているのに対し、『阿弥陀経』では説かれていない。

②阿弥陀仏の原名が、『無量寿経』では主に Amitābha なのに対し、『阿弥陀経』では主に Amitāyus となっている。

③諸仏による阿弥陀仏の讃嘆が、『無量寿経』では、本願の中や他の個所に分散して説かれているのに対し、『阿弥陀経』では東・西・南・北・下・上の六方の諸仏による讃嘆として一括されている。

なぜ、このような違いが生じたのか。この課題について、この領域における第一人者、藤田宏達氏は、こう述べています。

『阿弥陀経』の編纂者は、阿弥陀仏思想を高揚するために、仏名経類の教説を転用したのであるが、しかしそれを転用するにあたって、西方諸仏の中には、もとの経説のままに阿弥陀仏を残すばかりでなく、転用部分の主題を阿弥陀仏思想に統一することを怠ったために、経典全体としてはつぎはぎの様相を呈し、矛盾が露呈するにいたったと思われる。したがって、『阿弥陀経』の原初形態においても、この後半の部分は前半の部分よりも遅れて成立したものといわねばならぬであろう。

（『原始浄土思想の研究』岩波書店、二二〇頁）

引用文に登場する「仏名経類」とは、「諸仏の名号を受持・讃嘆する経典」のことで、本来は阿弥陀仏思想と関係がありません。たとえば、失訳（翻訳者不明）の『不思議功徳諸仏所護念経』などがあります。

藤田氏が指摘しているとおり、『阿弥陀経』の諸仏讃嘆を見ると、こう説かれています。

はるか西方世界に仏国土をもつ無量寿仏、無量相（無量の相をもつ）仏、無量幢（無量の菩提心を旗印としてかかげる）仏、大光（偉大な光をもつ）仏、大明（偉大な光明を放つ）仏、宝相（宝の相をもつ）仏、浄光（浄らかな光をもつ）仏をはじめ、ガンジス河の砂の数ほどもの諸仏が、それぞれの仏国土において、自身の言葉が嘘ではないことをしめすために、口から広くて長い舌を出し、さらにはその舌で三千大千世界を覆い尽くして、以下のような誠実な言葉をつらねました。『あなたがた生きとし生けるものよ、阿弥陀仏のどのような思慮もおよばない功徳を称賛する「ありとあらゆる諸仏の慈しみの心によって護られる」と名付けられた経典を信じなさい』と。

たしかに、「はるか西方世界に仏国土をもつ無量寿仏」が、同一の仏であるはずの「阿弥陀仏」を讃嘆（称賛）しています。これでは、自分で自分を讃嘆していることになってしまいますから、おかしな話です。

それはともかく、さきほど引用した末木氏の論考「阿弥陀仏浄土の誕生」に、「事情を異にして編纂されたもの」と書かれていた意図は、藤田氏が「『阿弥陀経』の編纂者は、阿弥陀仏思想を高揚するために、仏名経類の教説を転用した」という記述につながるようです。

『観無量寿経』

畺良耶舎《きょうりょうやしゃ》（三八二〜四四三）訳の『観無量寿経』は、日本の浄土教では「浄土三部経」の一つとして、きわめて重要な位置を占めてきましたが、成立の時期と地域が先行する『無量寿経』や『阿弥陀経』と大きく異なるために、扱いが難しいことも争えない事実です。

まず、漢訳本と漢訳本から重訳されたウイグル語訳本しか伝わらず、サンスクリット本が発見されていません。この事実から、インド以外の地域で編纂された可能性が指摘されてきました。

藤田宏達氏は、『観無量寿経』は中央アジアと中国との折衷的な形態で、東トルキスタンのトルファン（高昌）で編纂されたと主張しています（『浄土三部経の研究』岩波書店、二〇〇〜二〇四頁）。たしかに紀元後五〜六世紀の中国西域および中央アジア地域においては、西からの流れと東からの流れが合流していた形跡があります。

一方、末木文美士氏は、『観無量寿経』は最初から漢文で筆記され、作成された場所として、東トルキスタンのトルファン（高昌）と中国内地の建康の二箇所を候補にあげています。建康は現在の南京市にあたります。三国時代の呉（二二二～二八〇）から始まり、東晋（三一七～四二〇）をはさみ、南北朝時代（四三九～五八九）が終わるまで、歴代の華南政権が首都としていました。杜牧《とぼく》（八〇三～八五二）の詩に「「南朝四百八十寺　多少楼台煙雨中」とうたわれたほど、仏教が栄えたことでも有名です。

また、『観無量寿経』には、阿弥陀仏の身体や極楽浄土の様相を瞑想するための方法として、前半に定善十三観が、後半に散養三観が、それぞれ説かれていますが、下田正弘氏は、前半に説かれている定善十三観が中央アジア起源なのに対し、後半の散養三観は中国起源と述べています（下田正弘「浄土思想の理解に向けて」『シリーズ大乗仏教5　仏と浄土　大乗仏典II』春秋社、三六～三七頁』）。

2　阿弥陀仏

阿弥陀仏の起源

阿弥陀仏の起源をめぐっては、さまざまな説が提示されてきました。その概略は、藤田宏達氏の考察（『原始浄土思想の研究』二六一～二八五頁）によれば、以下のとおりです。

①外来起源説＝ゾロアスター教起源説
②内部起源説（1）ヴェーダ神話
③内部起源説（2）仏教神話
これらの説について、概略を述べておきます。

外来起源説

①は、古代イランで誕生したゾロアスター教を阿弥陀仏信仰の起源とみなす説で、さらに以下の二つに分かたれます。

a.太陽崇拝（ミスラ信仰）と無限の光明世界から Amitābha

b.ズルヴァーン・アカラナ（無限の時間）から Amitāyus

a.は、さらに二つに分かたれます。一つは、ゾロアスター教の太陽神に対する崇拝から、Amitābha が成立したという説です。ゾロアスター教における太陽崇拝のミスラ信仰が、紀元前後の段階で、イラン系騎馬民族のスキタイ人、サカ人、クシャーナ人たちによってインドにもたらされたという事実が、その論拠の一つです。ただし、太陽神に対する崇拝は世界中にあり、インドでも、『リグ・ヴェーダ』以来ずっと存在し、仏教でもよく見られます。

もう一つは、ゾロアスター教の聖典、『アヴェスター』のなかに、善思の楽土・善言の楽土・善行の楽土・無限の光明という四つの天界が記されていて、このうちの善霊が住する光明の世界を意味する「無限の光明 anaγra raočã」が、Amitābha という名称の起源という説です。ただし、インドでも、『リグ・ヴェーダ』に、死者たちの王であるヤマ（閻魔）の住する世界を「不滅の光明」とか「太陽が置かれている」世界と呼ぶ例が見出せます。なお、『リグ・ヴェーダ』に描かれているヤマは、太陽神ヴィヴァスヴァットの子とされ、地獄ではなく、人々の祖霊が住む楽園の主です。地獄の帝王として恐れられるようになったのは、仏教にとりこまれてからのようです（立川武蔵『ヒンドゥー神話の神々』せりか書房、五八〜五九頁）。

b.の、ズルヴァーン・アカラナ Zrvan akrana（無限の時間）は、善と悪の神を、双生児として生み出した時間の神であり、もっぱらこの神を崇拝するズルヴァーン主義が、紀元後三〜五世紀ころまではゾロアスター教の主流でした。ゾロアスター教というと、善と悪の神による永遠の闘争という印象が強いのですが、善悪の二元論的な教義が確立したのは六世紀以降であり、それまではむしろ一神教的な性格だった事実が判明しています（青木健『新ゾロアスター教史』刀水書房、一四二〜一四四、一八五〜一八七頁）。そして、この時間の神であるズルヴァーン・アカラナの存在が、Amitāyus の成立に影響をあたえたというのです。

ただし、この説には致命的な欠陥があります。それは、ズルヴァーン主義が確立したのは、すでに述べたとおり、紀元後三世紀ころだったという点です。これでは、Amitāyus とズルヴァーン・アカラナの成立史や順序が逆になってしまいますから、とうてい賛同できません。

内部起源説

②は、さらに以下の二つに分かたれます。

c.ヴィシュヌ神話から Amitābha ＋ Amitāyus

d.ブラフマン神話から Amitābha ＋ Amitāyus

c.は、言語学にもとづく、以下のような推論です。漢訳語の阿弥陀の原語は Amida もしくは Amita である。Amida はサンスクリットの Amita（無量）の俗語である。Amita もサンスクリットの俗語とみなすと、Amita（無量）のほかに、Amṛta（甘露・不死）という意味を含む可能性がある。Amṛta は、ヴェーダ神話に登場するヴィシュヌ神と神酒（ソーマ）Soma の物語と関係が深い。また、無量寿は Amṛta（甘露・不死）という意味をもち、無量光は神酒と同一視される太陽と関係が深い。したがって、阿弥陀仏＝Amitābha ＋ Amitāyus の起源はヴィシュヌ神話に求められる、というわけです。

この説の是非は、阿弥陀仏の原語を Amida もしくは Amita と想定できるか否か、にかかっています。この課題に対し、藤田宏達氏は否定的です。ところが、音韻学を駆使してこの領域で画期的な業績を上げている辛嶋静志氏は、少なくとも無量寿が Amṛta（甘露・不死）という意味をもつという件については、肯定的なのです。ただし、あくまで一般論として論じているだけで、ヴィシュヌ神話には言及していません。したがって、ヴィシュヌ神話と阿弥陀仏の起源との関係について、これ以上の詮索はできません。

d.は、『カウシータキ・ウパニシャッド』第一章第三節・第五節に説かれているブラフマン（梵天）の玉座の呼称にかかわっています。まず、この玉座がAmitaujas（無量の威力）と呼ばれることがAmitābhaの観念につながり、ついでこの玉座がprāṇa（生気）とも呼ばれることがAmitāyusの観念につながるという説です。

③は、原始仏典の『ディーガ・ニカーヤ（長部経典）』第十七経『大善見王経《だいぜんけんおうきょう》 Mahāsudassana-suttanta』やその漢訳本に説かれている王城クサーヴァティー（Kusāvatī）の描写が、極楽浄土の描写によく似ているところから、『阿弥陀経』は『大善見王経』の換骨奪胎版とみなす説です。そして、大善見王は光明の中心的な源泉としての太陽をあらわし、またこの王が長寿無量と説かれているところに着目して、彼こそ光寿無量の阿弥陀仏（Amitābha＋Amitāyus）にほかならないと主張します。

結局は不明のまま

これらの説について、藤田宏達氏は、こう述べています。「それぞれ難点が認められ、いまだ何人をも首肯せしめるほどの学説は現れていない。……阿弥陀仏の起源についての定説が存在しないということは、遺憾ながら、この五十年来、依然として変わりがない。……これら諸学者の説には、もちろんそれぞれ聞くべき点があるけれども、しかし概して言えば、論旨は主観的であり、いまだ客観的な方法論によって何人をも首肯せしめる論拠を提示されるまでには至らなかったと思われる」（『原始浄土思想の研究』二八五〜二八六頁）。

この結論を受けて、藤田宏達氏は、阿弥陀仏の原語、本生説話、思想的基盤という三つの観点から、阿弥陀仏の起源を探究しています。そして、こう結論をくだしています。

①Amitāyus と Amitābha の原語に相当する観念は、原始仏教以来の仏陀観の展開に見出せる（三三四頁）。

②阿弥陀仏の前身である法蔵比丘の物語は、原始仏教以来の仏陀観の展開に、その起源を求められる（三五二頁）。

③現在他方仏もまた、原始仏教とは思想形態を異にしながら、じつは原始仏教の本来的立場を回復し、これを明確な形であらわしたものといえる。阿弥陀仏の思想は、本質的には、このような思想的基盤において成立した（三七六頁）。

この結論もはなはだ抽象的です。たしかに方法論は堅実で、主観的ではないものの、阿弥陀仏の起源を十分に説明しているとはとてもいえません。とにかく後述（二五八頁〜）のとおり、阿弥仏と共通する性格をもつ阿閦《あしゅく》仏の起源と同じく、阿弥陀仏の起源はひじょうに曖昧なままなのです。

このように、阿弥陀仏の起源がよくわからない理由は、インド仏教界では、阿弥陀仏に対する信仰がすこぶる限定的だったことと、深くかかわっているのでしょう。

無量光 Amitābha か無量寿 Amitāyus か

阿弥陀仏をめぐっては、起源のほかにもさまざまな謎がありますが、その一つは、仏名が「無量光 Amitābha」か「無量寿 Amitāyus」か、という問題です。

たとえば、法然は著書の『選択本願念仏集』において、経典からの引用を含め、「弥陀仏」という呼称を十一回、「阿弥陀仏」という呼称を三十一回、「無量寿仏」という呼称を十四回つかっているのに対し、「無量光仏」という呼称はまったくつかっていません。

浄土真宗の祖、親鸞《しんらん》（一一七三～一二六三）が浄土真宗の要義大綱を、七言六十行百二十句の偈文にまとめた「正信偈《しょうしんげ》」（正信念仏偈）のなかには、こう書かれています。

爾者帰大聖真言閲大祖解釈信知　仏恩深遠作正信念仏偈曰
帰命無量寿如来　南無不可思議光
……
普放無量無辺光　無碍無対光炎王　清浄歓喜智慧光　不断難思無称光　超日月光照塵刹　一切
群生蒙光照
……
天親菩薩造論説　帰命無碍光如来

このとおり、無量寿如来と無碍光如来という二つの仏名が登場します。「無碍光」は「無量光」に通じますから、いわば両論併記です。

Amitāのあとに、bhaがつくか、yusがつくか、によって、この仏の性格が大きく異なっているはずですが、漢訳では、Amitāだけが「阿弥陀」と音写され、Amitāのあとにつくbhaもyusも、無視されてしまうので、区別できません。事実関係からすると、漢訳本の経題は、『無量寿経』となっていて、『無量光経』とはなっていません。現存するサンスクリット本の経題は「Sukhāvatīvyūha」、すなわち「極楽の荘厳」であり、「無量寿」も「無量光」も登場しません。それに対し、複数あるチベット訳本の場合、チベット語を原典のサンスクリットに還元すると、どの版本も「Ārya-Amitābha-Vyūha-Nāma-Mahāyāna-Sūtra」、すなわち「聖無量光仏の荘厳と名づけられる大乗経典」となり、「無量光仏」が登場します。

「無量光 Amitābha」が先行

辛嶋氏によれば、Amitābha（口語ではAmitāha/Amidāhaとあったであろう）は、最古の漢訳『大阿弥陀経』の記述から見て、「無量なる光をもつ（仏）」と理解されていたことは明らかです。現に、インドにおける阿弥陀仏の造像例とされるマトゥラー出土の阿弥陀立像の台座に記された銘文には、buddhasya Amitābhasyapratimā、すなわち「仏Amitābhaの像」と書かれていますから、この仏像は「無量光仏」です。

そもそも、サンスクリットのamitaには「無量」という意味しかありません。しかし、口語では、amita（あるいはamida）が、サンスクリットのamṛta、つまり「死を離れた」とか「もはや再生しない」、もしくは「涅槃《ねはん》」とか「甘露《かんろ》」に対応すると解釈することもできたのです。

その実例が、これもまた、インドにおける阿弥陀仏の造像例で、現存はフロリダのリングリング博物館に所蔵されている阿弥陀三尊像です。この三尊像の真下には「Budhamitra のAmridāへの（供物）」と記されていて、阿弥陀仏がamṛtaと結びつけて解釈されたことをしめしています（「大乗仏教とガンダーラ―般若経・阿弥陀・観音―」四六九頁）。

名称の問題に関連して、かつて藤田宏達氏は、こういう趣旨を主張していました。阿弥陀仏は本来、無量光Amitābhaと無量寿Amitāyusという別々の名前で信仰されていた。そして、無量光仏を信奉していた集団が『無量寿経』を編纂し、無量寿仏を信奉していた集団が『阿弥陀経』を編纂した。つまり、二つの経典はほぼ同じ頃に、しかしやや異なった視点から編纂された（『原始浄土思想の研究』二一一～二一二頁／三二〇～三二一頁）。

しかし、この説は、辛嶋氏によって、以下のように否定されています。

この説は極めて恣意的な説であるといわざるを得ない。おそらく、本来Amitābhaの《無量寿経》偈頌におけるハイパーフォーム（拡張形）であったAmitāyu（=Amitāyus）は、段々とポピュラーになり、この仏のより相応しい名前として人々に受け入れられ、そして終には散文でも使われるようになったと考えられる。こうしていつのまにか、一つの仏が全く異なる名前と概念――すなわち〝無限の光をもつ者〟と〝無限の命をもつ者〟――を持ったのである。しかし、この仏を信仰する人々は、二つの仏名が同一の仏を指していると知っていて、神々や人々が別名を持つのと同様、そのことに大した違和感がなかったかも知れない。

（「大乗仏教とガンダーラ―般若経・阿弥陀・観音―」四六八頁）

ようするに、本来の無量光 Amitābha が無量寿 Amitāyus に拡張され、両方がともに使われるようになったというのが、真相と考えられます。

もっとも、そののち、後発の無量寿仏に対する信仰がインドにおいて発展した形跡は、見られません。その証拠に、無量寿仏を単独の形式で表現したと考えられる彫像や絵画が、インドではまったく発見されていません（森雅秀・宮坂宥明『チベット密教仏図典』三七頁）。

日本の浄土教では、無量寿が無量光よりも重要な名称に位置づけられてきました。現に、さきほど引用した親鸞の「正信偈」では、「帰命無量寿如来　南無不可思議光」というぐあいに、無量寿が無量光よりも優先されています。ところが、インドにおける両者の関係はまったく逆に、無量光が無量寿に優先していたのです。

阿弥陀仏の寿命

阿弥陀仏の寿命に限りがあるのかないのか、この問いは古来、よく論じられてきました。もし、寿命に限りがあるとすれば、阿弥陀仏による救いには時間的な制約があることになりますから、心配されたのでしょう。

そもそも、阿弥陀仏は「無量寿仏」とも呼ばれます。したがって、寿命も「無量」のはずです。ところが、そうではないのです。なぜならば、『無量寿経』や『阿弥陀経』に説かれている阿弥陀仏の「無量寿」は、人間的な尺度では「量り知れない」という意味であって、無限大ではないからです。

『無量寿経』の最古の漢訳である『大阿弥陀経（阿弥陀三耶三仏薩楼仏檀過度人道経）』には、こう説かれています。

仏言。阿弥陀仏。至其然後。般泥洹者。其蓋楼亘菩薩。便当作仏。総領道智。典主教授。世間及八方上下。所過度諸天人民。蜎飛蠕動之類。皆令得仏泥洹之道。其善福徳。当復如大師阿弥陀仏。住止無央数劫。無央数劫不可復計劫。准法大師。爾乃般泥洹。其次摩訶那鉢菩薩。当復作仏。典主智慧。総領教授。所過度福徳。

（『大正新脩大蔵経』第十二巻、三〇九頁）

つまり、阿弥陀仏もいつかは涅槃し、そのあとは蓋楼亘菩薩（観音《かんのん》菩薩）が仏となり、蓋楼亘菩薩もいつかは涅槃するので、さらにそのあとは摩訶那鉢菩薩（大勢至菩薩《だいせいし》）が仏となって、人間のみならず、羽虫や蛆虫のたぐいに至るまで、生きとし生けるものすべてを教化し、救いつづけるというのです。

ところが、「浄土三部経」のなかでも最も重要とみなされてきた、仏陀跋陀羅と宝雲の共訳による『無量寿経』では、阿弥陀仏もいつかは涅槃するので、そのあとは観音菩薩が……という記述は消去されてしまい、どこにも見当たりません。

このように、経典の記述に異同や曖昧なところがあることから、阿弥陀仏の寿命に限りはあるかないか、をめぐっては、古来、論争がありました。論争の概要を紹介する前に、論争の鍵となる概念について、簡単に説明しておきます。

その概念とは「仏身《ぶっしん》」です。大乗仏教では、仏陀の身体に関する考察がすすみ、おおむね三つの身体、すなわち法身《ほっしん》・報身《ほうじん》・応身《おうじん》（化身《けしん》）が想定されました。

①法身：真理そのものを身体とする仏。真理そのものなので、姿形はなく、言葉もなく、活動もなく、人間の思惟や感性では把握できない。永遠不滅の存在。

②報身：菩薩の時代に立てた誓願（本願）が成就された結果、その果報を享受する仏。人間がイメージすることは可能。永遠不滅の存在。

③応身：具体的な身体をもつ仏。歴史に実在した仏を指す。寿命に限りがある。変化身・化身とも呼ばれる。

寿命限界論

寿命に限りがあるという見解の代表は、中国最初の唯識学派として発足した地論宗《じろんしゅう》の僧侶で、南北朝時代の末期から隋《ずい》時代にかけ、中国の北部で活動した浄影寺《じょうようじ》の慧遠《えおん》（五二三〜五九二）です。慧遠は、『観無量寿経』の最古の注釈書として重用された『観経義疏《かんぎょうぎしょ》』のなかで、阿弥陀仏は応身か報身か、という問題を設定したうえで、こう述べています。

> 別種種或従寿命。今此所観従寿為名。然仏寿命有真有応。真如虚空畢竟無尽。応身寿命有長有短。今此所論是応非真。故彼観音授記経云無量寿仏命雖長久亦有終尽。故知是応。此仏応寿長久無辺非余凡夫二乗能測故曰無量。命限称寿。
>
> （『大正新脩大蔵経』第三十七巻、一七三頁）

つまり、こういう論理です。仏の寿命は、真身（法身か報身）か応身かで異なる。真身の仏の寿命には限りがない。応身の寿命は、長いものもあれば、短いものもある。阿弥陀仏は、真身ではなく、応身である。だから、観音菩薩の前生を記す『観世音菩薩授記《じゅき》経』には、「無量寿仏の寿命は長久とはいえ、終わりがある」と説かれている。この仏の寿命は、あまりに長くて凡夫や声聞《しょうもん》乗や縁覚《えんがく》乗には計り知れないので、無量と言っているのであり、寿命には限りがある。

念のために、『観世音菩薩授記経』の記述を確認すると、たしかに「仏言。善男子。阿弥陀仏寿命無量百千億劫。当有終極」（『大正新脩大蔵経』第十二巻、三五七頁）と説かれています。阿弥陀仏の寿命は「無量百千億劫」を限りとして、「終極」があるというわけです。『法華経』を最高の経典と評価し、いわゆる天台教学をきずきあげた天台智顗《ちぎ》（五三八〜五九八）も、寿命限界説です。『法華経』の一句一句について解説した『法華文句《ほっけもんく》』巻第九の下において、「謂実有量而言無量。弥陀是也」（『大正新脩大蔵経』第三十四巻、一二七頁）、すなわち「実際には限りがあるのに、無量と言っている。阿弥陀仏がこれである」と述べています。この主張の背後には、『法華経』に説かれる釈迦牟尼仏は「久遠実成《くおんじつじょう》の本仏」、すなわち永遠不滅の存在ですから、寿命に限りがある阿弥陀仏とは比較にならないくらい、優位という認識があるようです。

寿命無限論

阿弥陀仏を信仰の対象とする立場からすれば、阿弥陀仏の寿命に限りがあるというのでは困る、やはり永遠不滅の存在であって欲しいという願望があります。阿弥陀仏の寿命に限りがないという見解を代表するのは、道綽《どうしゃく》（五六二〜六四五）と善導《ぜんどう》（六一三〜六八一）です。

道綽は、史上初めて、阿弥陀仏は報身であると主張した人物です。浄影寺の慧遠や天台智顗が阿弥陀仏は応身なので寿命に限りがあると主張したのに対し、阿弥陀仏は報身なので寿命に限りがないと反論しました。著書の『安楽集《あんらくしゅう》』のなかに、こういう問答が記されています。

『観世音菩薩授記経』に「阿弥陀仏が涅槃に入ったのちは、観世音菩薩が後継者となる」と説かれているという問いに、「此是報身。示現隠没相。非滅度也」（『大正新脩大蔵経』第四十七巻、六頁）、

「阿弥陀仏は報身であり、わけあって姿を隠したにすぎず、入滅したのではない」と答えています。この論理は、『法華経』のなかで、歴史上の仏陀が涅槃に入ったのは、人々の自覚と努力をうながすための方便であって、わざと涅槃に入ったように見せかけたにすぎず、実際には入滅していない、と説かれているのと共通します。

さらに、「然阿弥陀仏亦具三身。極楽出現者。即是報身」(同前)、すなわち「阿弥陀仏は法身・報身・応身の三種類の身体をもち、極楽に出現したのは報身である」から、永遠不滅の存在であるとも述べています。

道綽の後継者となった善導は、師の道綽とは異なる方向から、阿弥陀仏が報身であり、永遠不滅の存在であると主張しました。著作の『観無量寿仏経義疏』において、『観世音菩薩授記経』に対する独自の解釈を、以下のように、展開しています。

若新発意菩薩。聞是一切法皆畢竟性空乃至涅槃亦皆如化者心則驚怖。為是新発意菩薩故。分別生滅者如化不生不滅者不如化耶。今既以斯聖教験知弥陀定是報也。縦使後入涅槃。其義無妨。

(『大正新脩大蔵経』第三十七巻、二五一頁)

ようするに、こういう主張です。まず、善導は「聖教」、すなわち『大品般若経《だいぼんはんにゃきょう》』「涅槃非化本(如化品)」から、「悟りを求めて仏道修行をはじめたばかりの菩薩に、この世界のありとあらゆる存在はすべて空であって、涅槃もまた幻のようなものであると教えたならば、恐れおののくであろう。そこで、悟りを求めて仏道修行をはじめたばかりの菩薩に対しては、生滅するものは幻のようなものだが、不生不滅のもの、すなわち涅槃は幻のようなものではない」と説かれる箇所を引用しています。

そのあとの部分が、善導自身の見解です。善導は、こう述べています。「阿弥陀仏も最高真理としては幻のような存在だが、凡夫を恐れおののかさないために、（永遠不滅の）報身であるというのだ。したがって、仮に涅槃に入ったとしても、まったくかまわない」。

しかし、このような善導の主張は、無理があります。なぜなら、『大品般若経』「涅槃非化本（如化品）」には、阿弥陀仏が報身であるとは説かれていません。そもそも、般若経の系統では、仏身に法身と応身しか設定されていないのですから、報身にまつわる言及があるはずがないのです（梶山雄一「別時意論争と是報非化論」『梶山雄一著作集　浄土の思想』春秋社、二六五〜二六六頁）。

善導は別の著書『往生礼讃《おうじょうらいさん》』では、「一切諸仏　三身同証　悲智果円亦応無二」（『大正新脩大蔵経』第四十七巻、四三九頁）と述べています。つまり、すべての仏たちは、法身・報身・応身のさとりの身を得られ、慈悲と智恵とを完璧にそなえておられることにおいて、まったく違いがないはずである、というわけです。日本浄土教への影響という意味では、法然や親鸞の言説から見て、この見解のほうが大きかったようです。

3　極楽浄土

極楽の景観

極楽の原語は、サンスクリットのスカーヴァティー Sukhāvatī、ないしその俗語系と考えられています。直訳すると、「幸いみつる国」です。漢訳も複数ありますが、鳩摩羅什や玄奘が「極楽」と訳出して以来、この呼称が一般化しました。

極楽の景観は、以下のとおりです。なお、①から⑩までは『無量寿経』の異本すべてに共通する景観です。⑪から⑮までは『大阿弥陀経』と『無量清浄平等覚経』に特有の景観です。ただし、『無量寿経』も『大阿弥陀経』と『無量清浄平等覚経』から、文章を整理するかたちで流用しています。⑯から後は『無量寿経』・『無量寿如来会』・『大乗無量寿荘厳経』に特有の景観です。なお、㉔はサンスクリット本とチベット訳にしか見当たりません。

＊は法蔵比丘の本願にあることをしめします。

①わたしたちが今いるサハー（娑婆）世界から見て、西方に位置する。

②＊三悪道（地獄・餓鬼・畜生）などが存在しない。

③太陽も月も星辰もなく、暗黒もない。
④須弥山のような高山も大海もなく、まったく平坦である。
⑤池や泉や河があり、水を欲しいだけ得られる。
⑥七宝で飾られた樹木（宝樹）がそびえている。
⑦宝樹が風に吹かれて、快い音を発する。
⑧風が吹くと、地面が香り高く美しい花々で敷きつめられる。
⑨＊人々と神々の区別がなく、欲界の最上位に位置する他化自在天の神々のようである。
⑩享受の対象（色・力・勢力・周囲・支配・福徳の集積・神通・衣服・装飾品・遊園・宮殿・楼閣・音声・香・味覚・感触）がすべてそなわっていることは、他化自在天の神々のようである。
⑪＊大地は七宝でできていて、第六天上の七宝のようである。
⑫四季がなく、寒くも暑くもない。
⑬阿弥陀仏や菩薩や阿羅漢たちのために、講堂や精舎や舎宅や泉や浴池がある。
⑭＊女人はいない。女人は往生すると、男子に変わる。
⑮＊食べたいと思うだけで、百味の食物が用意される。
⑯＊不善や不幸や悪所や剣呑などという言葉がない。

⑰ターラ樹の並木、黄金の網、大きな蓮華がある。
⑱＊一本の巨大な菩提樹がそびえていて、風に吹かれると音声を発し、それを聞くと精神的かつ肉体的な利益が得られる。
⑲河には香水が流れ、色とりどりの蓮華でおおわれ、鳥が群れ、岸には階段があり、仏の教えを妙なる音にして響かせている。
⑳物質的な食物を摂取しなくても、接取したのと同じような満足感が得られる。
㉑香類・華鬘・衣服・傘・旗・楽器・装飾・長椅子・宮殿などが、望むままに現れる。
㉒富裕で、繁栄し、平穏で、豊穣で、好ましく、神々や人々が充満している。
㉓美しい森林や庭園や蓮池などがあり、鳥が群れながら仏の教えを響かせ、人々は空中を行く。
㉔天の香水の雲から、雨や花々や宝石などが降りそそぎ、天の楽器が演奏されている。

これらの項目を見ると、意外なことに気付かされます。本願とは必ずしも一致していないどころか、本願が成就した例はごくわずかにすぎないのです。その理由を、藤田宏達氏は「『無量寿経』における本願文と成就文とがほとんど無関係に発達した事実を示す」と述べています（『原始浄土思想の研究』四五〇頁）。

藤田宏達氏によれば、極楽の起源は以下の四つが有力視されています。

①転輪聖王説：転輪聖王の王城に関する描写が起源

②北クル州神話：汎インド的な理想国土として想像されてきた北クル州に関する描写が起源
③天界神話：インド神話のブラフマン（梵天）の世界に関する描写が起源
④仏塔の記述：ゴータマ・ブッダの遺骨を祀る仏塔に関する描写が起源

（『原始浄土思想の研究』四八六〜五〇五頁）

もっとも、いずれも決定的とはいえません。むしろ、四つすべてが重要な素材であって、どれを欠いても極楽の起源を解明することはできないというのが、結論のようです。

たとえば、極楽は「西方極楽浄土」といわれるとおり、わたしたちが今いるサハー（娑婆）世界から見て、西方に位置することになっています。ところが、なぜ、西方か、がわかりません。あまたの説が提示されてきたものの、万人を納得させる説はまだないのです。

倶会一処

極楽浄土へ往生する目的の一つに、すでに亡くなられてしまい、この世では二度と会えない人々との再会があります。この再会は、「倶会一処《くえいっしょ》」と呼ばれてきました。典拠は、以下にあげる『阿弥陀経』の一節です。

舎利弗、衆生聞かんものは、まさに発願して彼の国に生ぜんと願ず。ゆえはいかん、是のごとき諸の上善人とともに一処に会することを得ればなり。（舎利弗さん。極楽の国土、阿弥陀仏、そして極楽の国土の聖者たちについて聞く機会があった者たちは、阿弥陀仏の国土に生まれたいという願を立てるべきです。なぜならば、阿弥陀仏の国土に生まれると、「倶会一処」といって、ここまで述べてきたような上善人、つまり聖者たちとお会いすることができるからです）

『往生要集』をしたためて、日本における浄土信仰を確立した恵心僧都源信《えしんそうずげんしん》は、倶会一処について、「彼の国土の衆生は常に一処に会し、互いに言語を交へ、問訊し恭敬し、親近し承習す（かの極楽浄土に生まれた者たちは、いつも同じところで出会い、言葉をかわし、親しく付き合うのです）」（『往生要集』巻上、『日本思想大系』岩波書店、七〇頁）と述べています。

法然は「また、これらの聖衆に会うのみにあらず、またよくわれら無始よりこのかた、父母師長朋友知識妻子眷属前だて去れる者あり、あにあい見ざるかな、これをもってこれを思う、生生世世の父母師長妻子眷属朋友知識にあい見んと欲はん者は極楽世界に往生すべき者なり（また、仏菩薩に会えるだけではありません。無限の過去から現在に至るまで、先立った父母や師や朋友や知人や妻子や配下たちとも会えるのです。それを思えば、時間を超えて、父母や師や朋友や知人や妻子や配下たちと会いたいと願う者は、極楽浄土へ往生すべき者たちなのです）」と書き残しています（『昭和新修法然上人全集』一三五頁・一四八頁）。

親鸞も「この身は、いまはとしきはまりてさふらへば、さだめてさきだちて往生し候はんずれば浄土にてかならずまちまいらせそうろうべし（わたしは今ではもうすっかり年をとってしまいましたので、わたしのほうが必ず先に浄土に往生するでしょうから、浄土であなたをお待ちすることになるでしょう）」（「末灯紗」『真宗聖教全書』二巻、六七三頁）としたためています。

ちなみに、浄土信仰を烈しく批判した日蓮ですら、死後世界における再会に言及しています。「この［法華］経を持つ人は他人なれども霊山《りょうぜん》［浄土］へまいりあはせ給ふなり。いかにいわんや故聖霊［父］も殿も同じく法華経を信じ給へば、同じところへ生まれさせ給ふべし（この法華経をかたく信仰する者とは、他人同士であっても霊山浄土で再会されます。ましてやあなたの父上もあなたも、同じく法華経を信じておられるのですから、必ずや同じところ（霊山浄土）へお生まれになります）」（「南條七郎次郎殿御返事」『昭和定本日蓮聖人遺文』八三六頁）。

じつは、『法華経』には、『阿弥陀経』のように明確に倶会一処を説く文言は見当たりません。にもかかわらず、なぜ、日蓮は『法華経』信仰による霊山浄土での再会を主張したのでしょうか。その理由は、倶会一処を目的の一つとして、阿弥陀仏に帰依し、極楽への往生を願う人々が多い現実を前にして、『法華経』信仰を広めるためには、『法華経』版の倶会一処を用意しなければならない、と日蓮が認識したからと考えられます。

4　誓願／本願

阿弥陀仏に対する信仰を考えるとき、阿弥陀仏の前身だった法蔵比丘が、「誓願」あるいは「本願」と呼ばれる特別な願いを立て、その願いがかなえられた結果、法蔵比丘が阿弥陀仏になったという構造は、とても重要です。この点は、とりわけ『無量寿経』では主題ともいえる位置を占めています。

詳しくいうと、「誓願」と「本願」は少し違います。仏や菩薩が因位の段階、つまりまだ悟りを得ていない段階で起こす「誓願」が「本願」です。

この世において何らかの「願い」を立てた場合、それが来世において実現されるという観念は、ウパニシャッドの最初期といいますから、おそらく紀元前七〇〇年代にすでに登場していました。その実例として、藤田宏達氏は『シャタパタ・ブラーフマナ』におさめられているシャーンディリヤの「さて、実にこの人間は意向によりなる。かれがいかなる意向をもって、この世より去るとしても、まさにそのような意向をもって、死後、かの世界にいたる」をあげています（『原始浄土思想の研究』四〇五～四〇六頁）。

仏教の場合、パーリ語の **paṇidhi** もしくは **paṇdhāna**、サンスクリットの **praṇidhi** もしくは **praṇidhāna** という語は、「誓願」という意味で、原始経典のなかでも最古層に属す『スッタニパータ』の第二百六十偈に使われています。

適当な場所に住み、あらかじめ功徳を積んでいて、みずからは正しい誓願（paṇidhi）を起していること、――これがこよなき幸せである。

（中村元訳『ブッダのことば　スッタニパータ』岩波書店、五八頁）

ただし、原始経典における「誓願」は、天上界に生まれかわるとか転輪聖王になりたいというような、世俗的あるいは在家的な教説のなかで使われていて、解脱や涅槃を願うという出世間的もしくは出家的な意味では使われていません。それどころか、「誓願」が出世間的もしくは出家的な立場から、否定的に見られている用例さえあります。

たとえば、八百一偈では、「誓願」は「渇愛 taṇhā」の意味で使われているようです（中村元訳『ブッダのことば　スッタニパータ』三八三頁の註）。

かれはここで、両極端に対し、種々の生存に対し、この世についても、来世についても、願うこと（＝誓願 paṇidhi）がない。諸々の事物に関して断定を下して得た固執の住居は、かれには何も存在しない。

（中村元訳『ブッダのことば　スッタニパータ』一八〇頁）

部派仏教の誓願

部派仏教の段階になると、大乗仏教の「誓願」を思わせる事例が登場します。『小部』第十四経の『仏種姓経』に、ゴータマ・ブッダの前身だったスメーダ（雲）という名の青年が、ディーパンカラ仏（燃灯仏）と出会い、自分も将来、「仏」になろうという願をたて、「菩薩」となって、いくたびも生まれ変わり、そのたびに新たな「仏」と出会って、そのもとで修行に励み、ついにゴータマ・ブッダとなったと説かれているのです。

部派仏教関連の文献のなかで、菩薩の誓願を最も明確に説いているのは、大衆部《だいじゅぶ》に属していた説出世部による律典で、ゴータマ・ブッダの伝記が記されている『マハーヴァストゥ（大事）』です。この文献は、紀元前二世紀から書かれはじめ、紀元後四世紀に完成したと推測されています。冒頭の部分において、「菩薩行 bodhisat(t)vacaryā」を、以下のように、四種に分け、そのなかに「誓願行」を説いています。

①自性行（prakṛticaryā）：善根を積みかさね、尊敬すべき人を尊敬し、他者に福徳をほどこす。
②誓願行（praṇidhānacaryā）：ゴータマ・ブッダのような存在になりたいと誓う。
③随順行（anulomacaryā）：立てた誓願の成就をめざす。
④不退転行（avinivartanacaryā）：悟りに向かって精進し、もはや後退しない。

また、『マハーヴァストゥ』に説かれるディーパンカラ仏物語では、前生のゴータマ・ブッダはメーガという名のバラモン青年として、誓願を立てています。「いまのこのディーパンカラ仏のように、わたしは渡って〔他を〕渡らせ、解脱して〔他を〕解脱させ、安穏を得て〔他を〕安穏にさせよう」という言葉があります。これはまさに利他行の宣言にほかなりません。そして、この誓願は三句で終わっていますが、「涅槃に入って〔他を〕涅槃に入らせよう」を付け加えると、いわゆる「四弘誓願《しぐせいがん》」の原型が姿をあらわします。

では、原始仏教ではもっぱら世俗的もしくは在家的な教説のなかで使われ、ときには出世間的もしくは出家的な立場から否定的にすら見られていた「誓願」が、部派仏教の段階において、後に大乗仏教で説かれるような、悟りを対象とする願いに転換されたのは、なぜか。この疑問に対する回答として、藤田宏達氏は、その背景に、『ジャータカ』の影響とともに、いまあげたディーパンカラ仏（燃灯仏）の物語からの影響を指摘しています（『原始浄土思想の研究』四一三頁）。

大乗仏教の誓願

大乗仏教において、初めて「誓願」が登場したのは、最初の大乗経典と推測されている『八千頌《じゅ》般若経』でした。『八千頌般若経』の初期版を漢訳した『道行《どうぎょう》般若経』には、菩薩の意志が、こう説かれています。

諸未度者悉当度之。諸未脱者悉当脱之。諸恐怖者悉当安之。諸未般泥洹者悉皆当令般泥洹。

もろもろのまだ〔悟りへ〕渡っていない者たちを、一人残らず渡らせよう。もろもろのまだ解脱していない者たちを、一人残らず解脱させよう。もろもろの恐怖に駆られている者たちを、一人残らず心安らかにさせよう。もろもろのまだ涅槃していない者たちを、一人残らず涅槃させよう。

（『大正新脩大蔵経』第八巻、四六五頁）

これこそ、まさしく「四弘誓願」の原型にほかなりません。
また、サンスクリット本の第二十章には、こう説かれています。

菩薩大士は最高の難行の行者である。それはなぜか。というのは、スブーティよ、菩薩大士にとっては、いかなる有情も見捨てるわけにはいかないからである。彼には「私はあらゆる有情を解放しなければならない」という、こういう性質の諸誓願があるのである。

（梶山雄一訳『大乗仏典3　八千頌般若経Ⅱ』、一七五頁）

そして、『道行般若経』の「怛竭優婆夷品《たんがつうばい》」には、菩薩が将来、仏となったあかつきに住するであろう「刹《せつ》（仏国土）」についての誓願も、以下のとおり、五つ説かれています。ちなみに、「怛竭優婆夷品」はサンスクリット本の第十九章「ガンガーデーヴィー天女」にあたります。また、文中の「阿惟三仏《あゆい》」はサンスクリットのAbhisaṃbuddhaの音写で「無上正等覚《むじょうしょうとうがく》」、つまり「最高の悟り」を意味しています。

①菩薩至大劇難虎狼中時終不畏怖。心念言。設有啖食我者為当布施行檀波羅蜜。近阿耨多羅三耶三菩。願我後作仏時。令我刹中無有禽獸道。

②菩薩至賊中時終不怖懼。設我於中死。心念言。我身会当棄捐。正令我為賊所殺。我不当有瞋恚。為具忍辱行羼提波羅蜜。当近阿惟三仏。願我後得仏時。令我刹中無有盗賊。

③菩薩至無水漿中時心不畏怖。自念言。人無徳使是間無水漿。願我後得阿惟三仏時。使我刹中皆有水漿。令我刹中人悉得薩芸若八味水。

④菩薩至穀貴中時心不恐怖。自念言。我当精進得阿惟三仏。使我刹中終無穀貴。令我刹中人在所願所索飲食悉在前。如忉利天上食飲。

⑤菩薩在疾疫中時。心念言。我終無恐懼。正使我身死是中。会当行精進得阿惟三仏。令我刹中無有悪歳疾疫者。必当降伏魔官属。

（『大正新脩大蔵経』第八巻、四五七～四五八頁）

要約すると、菩薩を悩ます五つの要素が想定され、仏国土にはそれらがまったくない、というのです。

①人を食い殺すような猛獣はもちろん、動物の類がまったくいない。

②人々地を殺して金品を奪う盗賊がまったくいない。

③八種類のすぐれた性質（良い香りで、甘く、冷たく、飲みやすく、透きとおっていて、浄らかで、

飲む人の腹と喉を痛めない）をもつ水が得られる。
④帝釈天が住する忉利天で給されると同じ飲食物が、好きなだけ得られる。
⑤死に至る疫病にかかる者がまったくいない。

このとおり、とても素朴な、そしてすこぶる現実的な誓願が説かれています。

阿閦仏

誓願を考えるとき、無視できない存在が阿閦仏《あしゅくぶつ》です。この仏は謎だらけです。変容の最も激しい仏といってもかまいません。登場は大乗仏教の仏としては最も早く、この仏を主人公あるいは重要な存在として説く経典が、いくつも編纂されました。

その後、一時期は活躍する機会が失われましたが、大乗仏教のなかから密教が台頭してくると、再び脚光を浴びます。密教は、発展の段階によって、前期・中期・後期に大別されますが、中期密教を代表する『金剛頂経（真実摂経《しんじつしょうきょう》）』では、阿閦仏は東方をつかさどる仏としてマンダラに描かれ、さらに後期密教ではありとあらゆる仏菩薩をひきいる最重要の仏へと地位を急上昇させていきます。

姿形も大きく変わります。最終的には、通常の如来形から「ヘールカ」と呼ばれる忿怒《ふんぬ》尊形となり、三面六臂で、性的なパートナーの女尊を抱くという姿に変容します。異様といえば異様ですが、それほど活動の場を拡げたとも解釈できます。「インドの後期密教は阿閦の時代であり、阿閦の仏教であったとさえ言うことができる」（森雅秀・宮坂宥明『チベット密教仏図典』春秋社、二七頁）のです。

「阿閦」という名は、「動ぜざるもの」を意味するサンスクリットの **Akṣobhya** という言葉を、漢字で音写しています。あえて意訳すれば、「不動仏」です。「動ぜざるもの」という名のゆえんは、まだ比丘だった時代に、「わたしは生きとし生けるものに対し、動ぜざる者」になろうと誓願 **praṇidhāna** をたてたからです。たしかに、支婁迦讖が訳出した『大宝積経《だいほうしゃくきょう》』「不動如来会」に、「時有異比丘作如是念。此菩薩摩訶薩。由初発心被精進甲。於一切衆生不為瞋等之所揺動。舎利弗。時彼菩薩因此念故。妙喜国中号為不動。時広目如来応正等覚。見彼菩薩得不動名」（『大正新脩大蔵経』第十一巻、一〇二頁）と説かれています。

「不動」というと、不動明王との縁を連想されますが、不動明王の「不動」は、サンスクリットでは **Acala** ですから、両者の間に関係はありません。

日本仏教では阿閦仏に対する崇拝はすこぶる希薄ですが、密教界では金剛界マンダラの中心に位置する五仏の一つとして、東方に描かれるため、まったく無関心ではありません。そして、やはり支婁迦讖が訳出した『阿閦仏国経』には、「爾時其菩薩摩訶薩。用無瞋恚故。名之為阿閦。用無瞋恚故住阿閦地」（『大正新脩大蔵経』第十一巻、七五二頁）と説かれているので、「阿閦」を「無瞋恚《むしんい》」、つまり「瞋《いか》りとは無縁の者」あるいは「瞋りを克服した者」と解釈するのが、むしろ普通です。

『大宝積経』「不動如来会」にも、「於一切衆生不為瞋等之所揺動」、つまり「生きとし生けるものを瞋りなどによって動揺させない」と説かれているので、「瞋りとは無縁の者」あるいは「瞋りを克服した者」という解釈はまちがっていないといえます。

「阿閦 Akṣobhya」という名称そのものは、『マハーヴァストゥ』に過去仏の一人として数えられています。しかし、いまわたしたちが論じている阿閦仏と、どのような関係にあるのか、あきらかになっていません（藤田宏達『原始浄土思想の研究』岩波書店、二三七頁）。

大乗経典に阿閦仏の名が初めてあらわれるのは、この『八千頌般若経』のようです。『阿閦仏国経』も、紀元後一四七年に漢訳されていますから、大乗経典としては、最も初期に成立した例の一つです。その後も、『維摩経』・『法華経』・『大般涅槃経』などに登場します。そして、『阿弥陀経』にも、東方世界の仏として、その名が語られています。

起源については、悟りを開く直前に、悪魔たちの攻撃をしりぞけたという、降魔成道《ごうまじょうどう》の釈迦牟尼仏からの派生という説が有力です。論拠の一つは、阿閦仏が右手を大地に触れる「触地印《そくじいん》／降魔印」をむすんでいることに、求められます。

ちなみに、阿閦仏はその寿命に限りがある、と『阿閦仏国経』に説かれています。後継者の香象《こうぞう》菩薩に授記をあたえ、自身は結跏趺坐《けっかふざ》のまま、禅定《ぜんじょう》に入り、身体を空中に浮かび上がらせると、身体の内側から火を発して、みずからを焼き尽くすという劇的なかたちで、涅槃《ねはん》するというのです。

阿閦仏の誓願

阿閦仏の特徴は、「誓願」を果たして仏となり、「東方妙喜《みょうき》世界」に住していることです。この二つは、阿弥陀仏の特徴がやはり「誓願」を果たして仏となり、「西方極楽浄土」に住していることと、重なります。この二人の仏は、住している方角が東と西で異なるほかは、ひじょうによく似ています。

どちらが先行したのか、をめぐっていろいろ論じられてきましたが、これまでの研究成果を見ると、どちらが先行したとしても、さして差がなかったようです。問題は、どちらが先行したか、ではありません。両者がほとんど同じ時期に登場したという事実こそ、むしろ重要なのです。そして、なぜ、両者がほとんど同じ時期に登場したのか、を考えることのほうが、よほど重要です。

では、阿閦菩薩が立てた誓願の内容は、どうなのでしょうか。

じつは、阿閦菩薩の立てた誓願は、その数さえ十一願説、十二願説、十八願説、二十願説、三十願説などの異説があって、確定していません。理由は、誓願がまとまったかたちで羅列されず、経典にあちこちに説かれていたり、版本によって説き方がちがっていたりするからです。

阿閦仏についての研究では最もよく言及される『阿閦仏国経』では、以下の十一願が説かれています。阿閦菩薩の誓願について語る『阿閦仏国経』の漢文はかなり長く、そのままでは理解するのもけっこう難しいので、以下に要約します。

まず、阿閦菩薩はまだ比丘のとき、菩薩になるための誓願を、師とあおぐ妙喜世界の教主、大目《だいもく》如来《にょらい》無所《むしょ》著《じゃく》等正覚《とうしょうがく》（『大正新脩大蔵経』第十一巻、七五一頁）に対して、こう立てています。

①たったいま、誓ったとおりに修行し、出家僧となり、規定どおりの法衣を身にまとう。
②他者のために説法し、托鉢《たくはつ》をおこなう。
③歩くときも坐るときも動かないときも修行に励み、悟ってもいないのに悟ったなどと口にせず、女性に説法するときは妄想をいだかず笑ったりしない。
④ほかの菩薩たちが修行に励んでいるのを眼にしてさらに悟りを求める心を起こし、外道《げどう》の者を供養せず、もろもろの如来たちに対する尊崇の念を捨てない。
⑤布施《ふせ》は平等におこない、この人にはあたえ、あの人にはあたえないというようなことはしない。孤立して困り果てている人がいれば、身命を賭して救う。
⑥もろもろの菩薩たちと協力する。

（『大正新脩大蔵経』第十一巻、七五二頁）

ついで、悟りを開いて仏となり、仏国土の教主となるにあたって、どうするか、誓願します。

①わたしの国土に暮らす比丘・比丘尼・男女の在家信者は、誰も罪を犯さない。
②わたしの国土に暮らす仏弟子たちを、誰も犯罪に走らせない。
③わたしは寝ている間に精液を漏らさない。

④わたしの国土に暮らす菩薩たちに、寝ている間に精液を漏らさせない。
⑤わたしの国土に暮らす母親たちに、悪露《おろ》（出産後の出血）を出させない。
（『大正新脩大蔵経』第十一巻、七五二～七五三頁）

さらに、二十一項目にわたって仏国土のありさまを語りますが、これを誓願とみなすか否か、は見解が分かれます。もし、これも誓願とみなすならば、誓願の総数は三十を超えることになります。誓願全体をながめると、自戒的です。この点は、後述する阿弥陀仏の誓願が利他的もしくは他者救済を志向しているのとはずいぶん異なります。

妙喜世界

『阿閦仏国経』によれば、阿閦菩薩が生まれ育ち、修行を積んで仏となり、師の大目如来無所著等正覚のあとを継いで、その教主となった仏国土は「阿比羅提」といい、「東方去是千仏刹」にあると説かれています（『大正新脩大蔵経』第十一巻、七五一頁）。「阿比羅提」はサンスクリットのAbhiratiの音写で、「妙喜」あるいは「妙楽」と漢訳されてきました。「東方去是千仏刹」とは、わたしたちが今いる世界、すなわちサハー（娑婆）世界から東に向かって、千の仏国土の彼方に位置するという意味です。

妙喜世界とは、おおむね以下のような仏国土です。

地獄・畜生・餓鬼の三悪道がない。

大地は真っ平らで、樹木が生え、山も谷もないので、どこへでも楽に行ける。

風・寒・気の三つの病がない。

肌の色が汚い者がいない。

容姿容貌の醜い者がいない。

淫欲に走る者も、怒りに駆られる者も、愚かな者もいない。

牢獄に閉じ込められる人民は、まったくいない。

邪教や外道を信じる者は皆無である。

樹木は常に花開き果実をつけている。

人民は樹皮で五色の衣をつくり、みな着ている。その衣は色褪せることがなく、とてもよい香りがする。

忉利天の住民は、なにか食べたいとか飲みたいと思うだけで、すぐに飲食物が得られるが、この仏国土の住民もなにか食べたいとか飲みたいと思うだけで、すぐに飲食物が得られる。

人民の寝室は、いたるところ七宝で荘厳されている。

水浴びする池は八味の水で満たされている。

人民は善いことしかしない。

天女の徳は人間の女性ではとうてい及ばないが、この仏国土に住する女性たちの徳は天女の徳に匹敵する。彼女たちの徳は、玉女の徳に比べれば、その百倍、千倍、万倍、巨億倍にも達する。

人民の寝床は七宝でつくられ、掛け布団は最高級の布で織られている。

（『大正新脩大蔵経』第十一巻、七五五〜七五六頁）

妙喜世界は、このとおり、仏教が求める精神的な要素が満たされた理想郷というよりも、むしろ俗世界の人々が求める物質的な願望が満たされた楽園のようです。もっとはっきりいえば、俗っぽいのです。

しかし、最大の特徴は、女性がいることです。阿弥陀仏の極楽浄土や薬師仏の瑠璃光《るりこう》浄土には女性がいないと説かれていますから、この点は特筆にあたいします。しかも、妙喜世界の女性には、月経と妊娠と出産にともなう身体的な苦痛がないとも説かれています。このように、女性に有利な条件が記されている理想郷は、インド由来の宗教にはすこぶる稀です。

なお、阿閦仏は永遠不滅の存在ではありません。いつか香象（Gandhahastin）菩薩に後継者として授記をあたえ、自身は涅槃します。そのようすは、じつに劇的です。結跏趺坐のまま、禅定に入り、身体を空中に浮かび上がらせると、身体の内側から火を発して、みずからを焼き尽くすのです。残された遺骸は金色に輝きながら、四方八方に散り、やがてその遺骸を祀る塔が七つ建てられると予言されています（『大正新脩大蔵経』第十一巻、七六一頁）。

藤田宏達氏は、「阿弥陀仏が大乗菩薩道の完成者であることを明らかにする法蔵説話は、『無量寿経』の根幹をなすものであるが、その説話の中に示された阿弥陀仏の『本願』の思想は、浄土思想の形跡および展開に大きな役割を果たしたものである」と述べています（『原始浄土思想の研究』三七九頁）。

法蔵比丘の本願

「本願」の原語は pūrva-praṇidhāna です。pūrva は「以前の」とか「昔の」という意味です。praṇidhāna は「心を前に置く」というのが原義で、そこから派生して「願い」とか「誓い」を意味しています。ですから、「本願 pūrva-praṇidhāna」とは、「以前の誓願」という意味になります。なぜ、「以前の誓願」なのか、というと、法蔵（ダルマーカラ）と呼ばれる比丘が、仏になる以前に、これこれの誓願が成就したならば、仏になると決心して修行した結果、阿弥陀仏になった、と『無量寿経』に説かれているからです。

もっとも、pūrva を省略して praṇidhāna だけでも、本願の意味で使われた事例もあります。また、本願はなにも阿弥陀仏についてだけ、使われてきたわけではありません。ほかの仏菩薩についても、よく使われてきました。ただし、日本仏教に限っては、本願といえば、ほとんど反射的に阿弥陀仏を連想する方が多いようです。

その日本仏教の場合、本願の数は「四十八願」とされてきました。しかし、『無量寿経』には複数の異本があり、本願の数も、以下のとおり、いろいろあります。少ない順に並べると、こうなります（藤田宏達『原始浄土思想の研究』三八一頁）。

二十四願説：『大阿弥陀経』・『無量清浄平等覚経』
三十六願説：『大乗無量寿荘厳経』
四十七願説：サンスクリット本（足利本）
四十八願説：『無量寿経』・『無量寿如来会』
四十九願説：チベット訳『無量寿経』

成立は、常識的には、二十四願説→三十六願説→四十七願説→四十八願説→四十九願説の順序で成立した、つまり時代の経過とともに、本願の数も増えていったと考えられがちですが、実態はそう単純ではないようです。そもそも、以下にあげる漢訳された時期と一致しません。

『大阿弥陀経』：二世紀後半
『無量清浄平等覚経』：三世紀前半
『大乗無量寿荘厳経』：九九一年
『無量寿経』：四二一年
『無量寿如来会』：七〇六〜七一三年

また、本願の内容も、異同が見られます。

現時点では、二十四願説系・三十六願説系・四十八願説系の三系統に分け、その前後関係が論じられています。二十四願説が先行したことに、異論はありません。漢訳の時期が最も早いという点から見ても、矛盾はありません。いいかえれば、二十四願説が原初の形態だったということです。

しかし、そのあとの展開は、現時点では、二十四願説→四十八願説→三十六願説という順序が有力なようです。ようするに、『大乗無量寿荘厳経』が説く三十六願説は、二十四願説と四十八願説の中間説ではなく、四十八願説が成立したのちに、四十八願説にもとづいて再編された異説という位置づけになります（藤田宏達『原始浄土思想の研究』三八五〜三九一頁）。『大乗無量寿荘厳経』が漢訳された時期は最も遅いので、この点からも妥当といえます。

本願の内容

法蔵比丘は、以下にあげる願が成就しないかぎり、自分は悟りを開いて仏にはならない、と誓います。そして、願の具体的な内容は、自分が教主となる仏国土は、以下の条件が満たされている、というかたちで提示されます。

漢訳本すべてに共通する本願は、二十あります。すなわち、この二十の本願こそ基本であり、阿弥陀仏に対する信仰を論じるうえで、最も重要ということです。

①三悪道（地獄・餓鬼・畜生）の者がいない。

②死んで後、再び三悪道に堕ちる者がいない。
③人々も神々も、みな金色になる。
④人々も神々も容姿容貌が同じになり、見分けがつかない。
⑤人々も神々も自他の過去を知る力（宿命通）をもつ。
⑥人々も神々も自他の生死を見通す力（天眼通）をもつ。
⑦人々も神々も他者の心を見通す力（他心通）をもつ。
⑧人々も神々も自在に瞬間移動できる力（神足通）をもつ。
⑨人々も神々もあらゆる声や音を聞き取れる力（天耳通）をもつ。
⑩貪欲が存在しない。
⑪往生する者の数が無数である。
⑫仏から放たれる光明が無量で、その光明を見て、生きとし生けるものが往生する。
⑬仏の寿命が無量である。
⑭往生する者の寿命が無量である。
⑮諸仏が称讃し、生きとし生けるものが躍り上がって喜びながら往生する。
⑯菩薩道を実践し、念仏すれば（もしくはひたすら往生を望めば）、臨終に仏が来迎《らいごう》する。
⑰悪行を悔い、善行をおこなえば、必ず往生する。
⑱仏の三十二相を完備する。

⑲諸仏を供養するとき、供物がおのずから出現する。
⑳教えを説くことが、仏が教えを説くのと同じようである。

ちなみに、本願のなかに「無量」という言葉が出てきますが、その意味は無限大ではありません。人間的な尺度では計量できないという意味です。この件は、さきほど阿弥陀仏の寿命について論じるときに、詳しく述べました。

また、以上の二十の本願のなかには、法然のいう「女人往生の願」、親鸞のいう「女人成仏の願」「変成男子《へんじょうなんし》の願」、すなわち『無量寿経』の第三十五願が含まれていません。さらにさかのぼると、支婁迦讖訳の『大阿弥陀経』にはなく、支謙訳の『無量清浄平等覚経』にはあります。このあたりの事情については、残念ながら、あきらかになっていません。

阿閦菩薩の誓願vs.法蔵比丘の本願

これら法蔵比丘の本願を、阿閦菩薩の誓願と比較すると、すでに述べたように、阿閦菩薩の誓願は自戒的な傾向が強く感じられるのに対し、法蔵比丘の本願は利他的もしくは他者救済の傾向が強く感じられます。

ただし、法蔵比丘の本願は利他的もしくは他者救済の傾向が強く感じられるというのは、大乗仏教の利他行という理念を、あるいは大乗仏教の他者救済という理念を、暗黙の前提にしているから、そう解釈できるのではないでしょうか。いいかえれば、もし、大乗仏教の利他行という理念を、あるいは大乗仏教の他者救済という理念を、前提からはずしてしまえば、別の姿が見えてきます。もっとはっきりいえば、法蔵比丘の本願は、従来型の仏教からの逸脱あるいは転換をもたらしたのではないか、ということです。

阿閦菩薩の誓願に、自戒的な傾向が強く感じられるのは、ゴータマ・ブッダ以来、仏教が徹底的に「自力」の宗教だった事実から見れば、当然の帰結です。しかし、法蔵比丘の本願は、性格も方向性も大きく異なります。大乗仏教の利他行という理念を、あるいは大乗仏教の他者救済という理念を、巧妙に利用して、じつは従来型の仏教、すなわち「自力」の仏教とは別種の信仰形態へとみちびいていった可能性があるのです。従来型の仏教とは別種の信仰形態とは、さきにふれたように、人格（ペルソナ）をもつ超越的な存在に対する「帰依（バクティ bhakti）」です。仏教の伝統的な用語でいうなら、「他力」です。

さらに、阿閦菩薩の誓願には見出せず、法蔵比丘の本願には見出せる要素があります。それは、⑯の「菩薩道を実践し、念仏すれば（もしくはひたすら往生を望めば）、臨終に仏が来迎する」という願です。つまり、阿閦菩薩の誓願には妙喜世界へ往生するための実践方法が含まれていないのに対し、法蔵比丘の本願には極楽浄土へ往生するための実践方法が含まれているのです。この違いは、決定的です。

このように、阿閦仏と阿弥陀仏とでは、他方仏もしくは他土仏という点では同じでも、二人の仏が創出された目的も方法も、大きく異なっていたと考えられます。阿閦仏はゴータマ・ブッダの成道前を、阿弥陀仏はゴータマ・ブッダの成道後を、それぞれ具現化したのではないか、という指摘もあります（佐藤直実「阿閦仏とその仏国土」『シリーズ大乗仏教5　仏と浄土　大乗仏典Ⅱ』春秋社、一九一頁）。しかし、二人の仏の距離感はもっと大きいとわたしは思います。

いずれにせよ、以上はあくまでわたし個人の見解にすぎず、さらなる検証が欠かせませんが、検証に十分あたいする課題と確信しています。

5　日本の浄土信仰

インド仏教vs.東アジア仏教

ここまで述べてきたとおり、東方妙喜世界の教主とされるのが阿閦仏ならば、西方極楽浄土の教主とされるのが阿弥陀仏です。他方仏あるいは他土仏はさまざまありますが、阿閦仏と阿弥陀仏に匹敵するほど名の知られた仏は、ほかに見当たりません。

もっとも、阿閦仏と阿弥陀仏を、あるいは東方妙喜世界と西方極楽浄土を、並び称するのは、いささかならず問題です。なぜなら、この二人の仏に対する信仰は、インド仏教やチベット仏教と、中国仏教や日本仏教とでは、まったく異なるからです。阿閦仏と東方妙喜世界は、インド仏教やチベッ仏教ではとても有名ですが、中国仏教や日本仏教ではほぼ無名です。反対に、阿弥陀仏と西方極楽世界は、中国仏教や日本仏教ではとても有名ですが、インド仏教やチベット仏教ではほぼ無名です。

とりわけ、日本仏教では、両者の差は歴然としています。浄土真宗・浄土宗・時宗など、阿弥陀仏を教主とあおぎ、死後は極楽への往生を願う浄土信仰が、伝統仏教界における最大の勢力をたもってきました。ところが、阿閦仏に対する信仰は、どこにも見当たりません。真言密教の金剛界マンダラに、五仏の一人として登場するのがせいぜいで、知名度は絶望的に低いのです。

また、仏像を例にとれば、国宝か重要文化財に指定されている作例は、第一位が阿弥陀仏、第二位が薬師仏、第三位が釈迦牟尼仏という順番で、阿閦如来の造像例は皆無に近いのです。

逆に、インドで阿弥陀仏の彫像が制作された事例は、きわめてわずかです。確実な作例は、たった二つしかありません。

一つは、マトゥラー市西部のゴーヴィンドナガル遺跡から出土したクシャーナ朝の阿弥陀立像です。ただし、この作例は両足首と台座しか残されていませんが、その台座に、カニシカ王を継承したフヴィシカ王の二十六年（紀元後一八〇／一八一年）に、ナーガラクシタという人物が「アミターバ・ブッダ」の彫像を奉献したと記されています（宮治昭『仏像を読み解く――シルクロードの仏教美術』春秋社、九三頁）。ただし、この銘文をめぐっては異説もあり、仏名ではなく、単なる修飾語にすぎないという研究者もいます。

もう一つは、出土地不明で、現在はアメリカのフロリダ州立リングリング美術館に所蔵されているガンダーラ彫刻の、阿弥陀三尊（阿弥陀仏・勢至菩薩・観音菩薩）像です（同、一〇九〜一一〇頁）。制作された年代は、紀元後三〜四世紀と推測されています（辛嶋静志「大乗仏教とガンダーラ―般若経・阿弥陀・観音―」四六九頁）。インドでは、阿弥陀三尊像はこの一例しか発見されていません。

ちなみに、この作例に附された銘文の解読をめぐっては論争があります。一時期はグレゴリー・ショペン氏とリチャード・ソロモン氏によって阿弥陀三尊像ではないという説が主張されましたが、現在はこの否定説は辛嶋氏によって否定され、阿弥陀三尊像であるという説が復活しています（同、四七八頁）。

しかも、この二体（あるいは一体）の仏像が、大乗仏教の浄土教にもとづく作例である確証はありません。インドに残る阿弥陀仏の作例は、どれも密教の五仏のなかの一体として制作されたものがほとんどで、単独の阿弥陀仏の作例は極めて稀です（森雅秀・宮坂宥明『チベット密教仏図典』三七〜三八頁）。

つまり、インド仏教界では、極楽浄土の教主としての阿弥陀仏に対する信仰はすこぶる限定的、もしくは皆無に近かったということです。なお、日本の造像数では、阿弥陀仏に次いで第二位の薬師仏に対する信仰も、阿弥陀仏の場合と変わらなかったようです。彫像も、確実な作例は見つかっていません。西北インドのギルギットから、薬壺らしきものを手にする仏像が数点出土していて、薬師仏ではないかともいわれますが、確証はありません（宮治昭『仏像学入門』春秋社、四八頁）。

このように、阿弥陀仏に対する信仰は、生まれ故郷だったはずのインドと、流伝先の東アジアとでは、極端といえるくらいの濃淡があります。

日本人にとっての阿弥陀仏

阿弥陀仏が報身か化身（応身）か、という問題は、日本では、源信が著作の『往生要集』巻下の「大文第十」において論じています。善導とほぼ同じ時代に、長安で活動した浄土教の学僧、迦才《かさい》（七世紀）が著書の『浄土論』巻上のなかで、「ひとえに仏の言葉を信じて、経典に説かれているとおりにひたすら念ずれば、浄土へ往生できる。また、阿弥陀仏が報身か化身（応身）かにこだわるべきではない」と記している箇所を引用して賛同し、もっぱら称名《しょうみょう》念仏すべきであって、報身か応身か、あれこれと分別すべきではない、と結論を下しています（『日本思想大系　源信』岩波書店、二六三頁）。知的あるいは論理的な追及を避け、理由は曖昧なまま、どちらの見解も認めるというあたりは、いかにも日本的な結論です。

法然は、『逆修説法《ぎゃくしゅせっぽう》』四七日の説法において、「仏に惣別の二功徳まします。先ず惣とは四智三身等の功徳なり」、つまり仏には惣《そう》（総＝普遍的な性質）と別《べつ》（特別な性質）があり、まず普遍的な性質として四智三身、すなわち大円鏡智《だいえんきょうち》（すべての対象を正しく映し出す働きをもつ智恵）・平等性智《びょうどうしょうち》（差違の底にある平等性や共通性を知る智恵）・妙観察智《みょうかんざっち》（差違を正しく観察する智恵）・成所作智《じょうしょさち》（事物を生成する智恵）ならびに三身（法身・報身・応身）をもっている、と主張しています（大橋俊

雄訳『法然全集』第二巻「逆修説法　選択本願念仏集」八九頁)。

さらに、『選択本願念仏集』では、「弥陀一仏の所有あらゆる四智・三身・十力・四無畏等の一切の内証の功徳、相好・光明・説法・利生等の一切の外用の功徳、皆ことごとく阿弥陀仏の名号の中に摂在せり」と記していて、阿弥陀仏は報身でありながらも、その実は三身を具足する、と主張しています(大橋俊雄校注『選択本願念仏集』岩波書店、五〇頁)。したがって、善導が『往生礼讃』に説いた「一切の諸仏は三身同じく証し、悲智、果円《まどか》に、また応に無二なるべし」という見解に、法然が賛同していることはあきらかです。

親鸞――阿弥陀仏と無上仏

親鸞(一一七三～一二六三)も、著作の『教行信証』「行巻」第三章「真実行」第二節「引文」第三項の「師釈の一　支那師釈」に、「善導大師の釈文」として、「一切の諸仏は三身同じく証し……」をそのまま引用しています(金子大栄校訂『教行信証』岩波書店、三八頁)。

親鸞の思想はさらに先鋭化していきます。『教行信証』「証巻」の冒頭部分の末尾に「しかれば、弥陀如来は如より来生して、報・応・化、種々の身を示し現じたまふなり」(同、一三九頁)と記しています。阿弥陀仏は究極の真理、すなわち法身であり、その法身が人格的な姿をとってあらわれたのが、報身や応身や化身など、さまざまな仏の姿である、と述べているのです。

親鸞が数え年八十六歳といいますから、最晩年のころに関東の門弟たちとかわした書簡を、親鸞の曾孫覚如《かくにょ》の次男従覚《じゅうかく》（慈俊）が編纂した『末灯鈔《まっとうしょう》』に、「自然法爾章《じねんほうにしょう》」という文章がおさめられています。同じ文章は、やはり最晩年に創作した『正像末和讃《しょうぞうまつわさん》』にも見られます（名畑應順校注『親鸞和讃集』岩波文庫、二一四頁）。そこには、以下のような文言があります。

無上仏とまふすは、かたちもなくまします。かたちのましまさぬゆへに、自然とはまふすなり。かたちましますとしめすときには、無上涅槃とはまふさず。かたちもましまさぬやうをしらせむとて、はじめて弥陀仏とぞ、きゝならひて候。みだ仏は、自然のやうをしらせむれうなり。

（真理そのものである最高の仏と申し上げる存在は、姿も形もありません。姿も形もないからこそ、自然と申し上げるのです。姿や形があるときには、最高の涅槃とは申しません。姿も形もないという真理を知らせるために、はじめて阿弥陀仏と申し上げると教えられてきました。阿弥陀仏は自然のありようを知らせるためのすべなのです）

「自然」とは何か

この文言を読み解く鍵は、「自然」という言葉です。この言葉は、親鸞が「自はおのづからといふ、行者のはからひにあらず、然といふは、しからしむといふことばなり。しからしむといふは、行者のはからひにあらず」（『浄土真宗聖典註釈版』本願寺出版、七六八頁）と述べていることを根拠にして、阿弥陀仏への信仰は、ひとえに阿弥陀仏の本願から発しているのであって、行者（信仰者）の主体の問題ではない、と説明されます。

ただし、「自然法爾章」に登場する「自然」に限っては、「（無上仏）は『かたちもなくまします』ので、それゆえに『自然』と呼ばれる」（末木文美士『親鸞』ミネルヴァ書房、二二一頁）という解釈があります。また、「親鸞はここで『自然』という語を『法性（dharmatā）』の同義語として使っていると思われる」（梶山雄一『梶山雄一著作集　浄土の思想』四三九頁）という指摘もあります。「法性」とは「真実にして不変な本性」を意味する語で、「真如《しんにょ》（真理）」の異名ともみなされてきました。

もし、そうだとすると、「ここで『無上仏』の概念が出てくるが、それは『かたちもなくまします』ので、それゆえに『自然』と呼ばれるのであり、弥陀仏は『自然のやうをしらせんれう』と位置づけられる。これによると、弥陀仏を超えた『無上仏』があり、それは『かたちもなくまします』とされることになる。これだと、阿弥陀仏は最高ではなくなってしまう」（末木文美士『親鸞』二二一頁）ことになります。同じく、「『弥陀仏は自然のやうをしらせんれうなり』とは、色も形もない法性・一如（tathatā）よりあらわれ、法性を知らせる方便である阿弥陀仏ということになる」（梶山雄一『梶山雄一著作集　浄土の思想』四三九頁）のです。

このように、親鸞は二種類の法身を想定しています。法性《ほっしょう》法身と方便《ほうべん》法身です。この二身説は、インド仏教で提示されたことはありません。中国浄土教の巨人として知られる曇鸞《どんらん》（四七六〜五四二?)が、著作の『往生論註《おうじょうろんちゅう》』において「諸仏菩薩に二種の法身あり。一には法性法身。二には方便法身なり。法性法身に由りて方便法身を生じ、方便法身に由りて法性法身を出す。この二法身は異にしてしかも分つべからず、一にしてしかも同ずべからず」(『浄土宗全書』第一巻、二五〇頁)と述べたもので、いわば曇鸞の独創です。親鸞はそれをさらに発展させたのです。

ただし、この二身説は、末木氏が指摘するとおり、阿弥陀仏の地位をゆるがしかねません。事実、親鸞を祖師と仰ぐ伝統教団はそれを警戒してきた形跡があります。

「自然」という語に関連して、これまでは、上記のとおり、阿弥陀仏への信仰は、ひとえに阿弥陀仏の本願から発しているのであって、行者(信仰者)の主体の問題ではないとか、『自然』という言葉に引かれて、『自然のまま』『ありのまま』を肯定する本覚思想的な理解をされ、日本人の自然愛好と結び付けて論じられてきた」(末木文美士『親鸞』二二四頁)傾向が認められます。その是非はともかく、この課題は再考にあたいすると思います。

諸仏を統合する阿弥陀仏

仏身論を突き詰めていくと、どうしても法身を想定しなければならなくなります。しかし、阿弥陀仏の本質が、人格をもたない法身仏だという主張は、あまりに抽象的で、一般の信者たちから理解されない可能性があります。

そのような危惧を、親鸞もいだいていたと思われます。それを承知で、なぜ、阿弥陀仏を法身仏とみなす必要があったのでしょうか。親鸞は、是が非でも、阿弥陀仏を諸仏の上に位置付けたかったのだと考えられます。

なぜならば、諸仏の最上位にある仏、あるいは諸仏の根源となる仏は、法身仏というのが、大乗仏教における仏身論の常識です。ですから、阿弥陀仏を諸仏の上に位置付けるためには、阿弥陀仏が法身仏でなければなりません。

より直接的な影響としては、親鸞よりも一時代前に、真言宗の改革者として登場した覚鑁《かくばん》（一〇九五〜一一四四）の存在があります。覚鑁は密教と浄土信仰の統合をめざし、こう主張しました。

顕教には釈尊の外に弥陀有り。密蔵には大日即弥陀、極楽の教主なり。当《まさ》に知るべし、十方の浄土は皆な是れ一仏の化土、一切の如来は是れ大日なり。毘盧《びる》と弥陀は同体異名にして、極楽と密厳《みつごん》とは、名は異なれども一処なり。

（密教以前の一般的な仏教では、釈迦牟尼仏のほかに阿弥陀仏がおられます。密教の教えでは、大日如来と阿弥陀仏は同じ仏なので、大日如来は極楽浄土の教主でもあります。したがって、こう認識してください。全宇宙にありとしある浄土は、すべてそれぞれ一人の仏が、衆生の資質に応じて変幻させた仏国土です。そして、すべての如来は大日如来が化身したものです。毘盧遮那如来（大日如来）と阿弥陀仏は同じ仏であり、名称が違うだけです。同じように、極楽浄土と密教が想定する密厳浄土も、名称は異なっていても、じつは同じところです）

この理論を適用すると、阿弥陀仏は大日如来に統合されてしまいます。親鸞はこれを逆転して、阿弥陀仏による諸仏の統合をはかったというのです（末木文美士『親鸞』二七〜二八頁）。その理由は、自身が尊崇する阿弥陀仏が、他の仏にその配下として統合されるのは、絶対に認められなかったからでしょう。また、親鸞や法然と対立していた天台宗が、ありとあらゆる経典の中の経典、諸経の王として尊崇していた『法華経』を意識しながら、それに優越することも意図していたようです（末木文美士『親鸞』一八三頁）。

往生と成仏の関係

ここで、念のために申し上げたいことがあります。それは、「往生」と「成仏」の関係です。この課題はすこぶる微妙で、相反する説が提示されています。

中村元・早島鏡正・紀野一義訳註『浄土三部経（上）無量寿経』（岩波書店）の梵文和訳部分の第三十五願に対する註には、こう書かれています。「この第三十五願（法然によると「女人往生の願」、親鸞によると「女人成仏の願」「変成男子の願」）は……『女人往生の願』と呼ぶほうが原意に近い。『往生』は『成仏』ではない。『女人成仏の願』と解するのは、親鸞独特の解釈である」（二五九頁）。

また、『新纂　浄土宗大辞典』は、法然による「往生」理解を、こう説明しています。「『要義問答』において「往生浄土門というはまず浄土へ生まれて彼にて悟をも開き、仏にも成らんと思うなり」（浄土宗聖典四・三七八～九／昭和新修法然上人全集六一五）と説いているように、法然は浄土に生まれることを往生とし、往生浄土の後に悟りを目指すことを明らかにしている。すなわち『逆修説法』二七（にしち）日において「いま浄土宗の菩提心とは、まず浄土に往生して、一切衆生を度し、一切の煩悩を断じ、一切の法門を悟り、無上菩提を証せんと欲するの心なり」（昭和新修法然上人全集二四〇）と説かれるように、往生の後に菩提心を起こして悟りを目指すのであるから、浄土宗では往生と成仏を同義には捉えない。さらに『選択集』三において「乃至一念至心に回向して、彼の国に生ぜんと願ずれば、すなわち往生を得て不退転に住すと云えるこれなり」（浄土宗聖典三・一二一／昭和新修法然上人全集三一二）と説かれるように、浄土往生は不退転位に入ることである」

(http://jodoshuzensho.jp/daijiten/index.php/%E5%BE%80%E7%94%9F)

ようするに、浄土宗では、往生は成仏ではないのです。

しかし、藤田宏達氏は、「極楽浄土に生まれるというのは何を意味するのであるか。いうまでもなく、それは、さとりに達し、成仏を得るということを意味している」（『原始浄土思想の研究』五二〇頁）と述べています。

現代の浄土真宗（本願寺派）では、「親鸞においては、往生とはそのまま悟りそのものの完成であり、それはまた救われる側であった私たちがそのまま救う側として活動する力を身につけるということでもあった」（内藤知康「親鸞の往生思想」https://buddhism-orc.ryukoku.ac.jp/old/ja/exhibition_ja/20031020-20031219_001_001_002_ja.html）と解説されています。

たしかに、親鸞も主著の『教行信証』「真仏土巻」に、中国浄土教の有力な指導者であり、日本の浄土教に絶大な影響をあたえた善導《ぜんどう》（六一三～六八二）の『浄土法事讃《じょうどほうじさん》』を引用して、「極楽は無為涅槃の界なり」（『日本思想大系　親鸞』岩波書店、一八三頁）と書いています。極楽は因果を離れた不生不滅の永久不変の世界だというのです。

同じように、『教行信証』「証巻」の冒頭には、「しかるに煩悩成就の凡夫、生死罪濁《しょうじざいじょく》の群萌《ぐんもう》、往相回向の心行を獲れば、即の時に大乗正定聚《しょうじょうじゅ》の数に入るなり。正定聚に住するがゆゑに、かならず滅度（涅槃）に至る」（同、一三九頁）と書いています。往相回向《おうそうえこう》（極楽浄土への往生）を願えば、正定聚（絶対に涅槃に至ると決まった状態）になり、この状態をへて、必ず涅槃に至る、というわけです。

なお、親鸞の主張はこれで終わりではありません。極楽浄土で涅槃に至ったら、今度は娑婆世界にもどってきて、生きとし生けるものを救うのです。これを「還相回向《げんそうえこう》」といいます。この「還相回向」がなく、極楽浄土へ行ったきりになってしまうと、もはや利他行を標榜する大乗仏教とはいえませんから、とても大切な思想です。さきに引用した内藤知康「親鸞の往生思想」の「救われる側であった私たちがそのまま救う側として活動する力を身につけるということ」は、「還相回向」を指しています。

念仏の意味

極楽浄土への往生は「念仏」によって可能になる、というのが日本の浄土教の常識です。正確を期せば、中国の浄土教において、そう主張され、日本の浄土教もそれにならったのです。前項で論じたとおり、二十の本願のなかにも、⑯に「菩薩道を実践し、念仏すれば（もしくはひたすら往生を望めば）、臨終に仏が来迎する」とあります。そして、中国や日本の浄土教では、「念仏」とは「称名念仏」、つまり「南無阿弥陀仏」と、阿弥陀仏の名をあげて、帰依を誓う行為とうけとられてきました。

『無量寿経』の四十八願のなかでも、「念仏往生願」として飛び抜けて重要とされてきた第十八願は、漢文の書き下しでは「もし、われ仏を得んに、十方の衆生、至心に信楽して、わが国に生まれんと欲して、乃至十念せん。もし生まれずんば、正覚を取らじ。ただ五逆と正法を誹謗するとを除く」です。たしかに、「十方の衆生、至心に信楽して、わが国に生まれんと欲して、乃至十念せん」、つまり誰であろうと、ひたすらわたしの仏国土に生まれたいと望んで、十回、念仏すれば、必ず生まれることができる、と説かれています。

しかし、大きな問題があります。『無量寿経』や『阿弥陀経』に説かれる「念仏」は、じつは「称名念仏」ではないのです。

念仏の「念」の原語は、二つあります。

①随念 anusmarati／anusmṛti

②作意 manasikaroti／manasikāra

「随念」は「憶念する」から、「作意」は「思念する」から、それぞれ派生した言葉です。したがって、称名念仏という意味はありません。

また、『無量寿経』の第十八願に登場する「乃至十念」の「念」の原語は、「心 citta」です。ですから、「十念」とは、「十たび心を起こす」という意味になります。中国や日本の浄土教では、「乃至十念」は称名念仏を意味すると解釈されてきましたが、『無量寿経』の諸本のどこにも、そのような解釈は見出せません。この件は、善導が『無量寿経』の「乃至十念」を、後発の『観無量寿経』に記されている「下品下生」の説にむすびつけて、「下至十念」と読み替えたことに由来するというのが定説です。

いずれにしても、『無量寿経』に説かれている「念仏往生願」の真意は、阿弥陀仏の姿を、憶念し、思念することです。わかりやすく表現すれば、阿弥陀仏の姿を心のなかにイメージすることにほかなりません。伝統的な用語を使えば、「見仏」です。

『般舟三昧経』と見仏

『般舟三昧経《はんじゅざんまいきょう》』という経典があります。サンスクリット原本は伝わりませんが、四種類の漢訳本が現存しているほか、チベット訳本もあります。漢訳本では、支婁迦讖が、後漢の光和二年（一七九）に訳出したと伝えられる三巻本が重要です。漢訳が一七九年ですから、成立はさらにさかのぼり、大乗経典としては最初期に属します。

「般舟三昧経」とは、「現に存在する諸仏が面前に現れる三昧（瞑想）」を意味するサンスクリットの pratyutpanna-buddha-saṃmukhāvasthita-samādhi という発音の冒頭と末尾の部分を、漢字で音写しています。「諸仏」と言っているとおり、瞑想の対象は過去の定光仏《じょうこう》、未来の弥勒《みろく》仏、現在の釈迦仏、阿弥陀仏ですので、阿弥陀仏だけではありませんが、阿弥陀仏の瞑想が主要な位置に置かれていることは、たしかです。

「現在諸仏が面前に現れる」というのですから、仏の姿をありありと見ることになります。いわゆる「見仏《けんぶつ》」です。

『般舟三昧経』三巻本では、阿弥陀仏を瞑想する理由が、こう説かれています。


当持何等法生阿弥陀仏国。爾時阿弥陀仏。語是菩薩言。欲来生我国者。常念我数数。常当守念。莫有休息。如是得来生我国。仏言。是菩薩用是念仏故。当得生阿弥陀仏国。常当念如是仏身。有三十二相悉具足光明徹照。端正無比在比丘僧中説経。（『大正新脩大蔵経』第十三巻、九〇五頁）

「阿弥陀仏の国に生まれるのは、どうしたら良いのでしょうか」と訊かれた阿弥陀仏は、この菩薩にこう語った。「わたしの国に生まれたいと思う者は、つねにわたしを繰り返し念じ、つねに念じつづけて、休んではなりません。そうすれば、わたしの国に生まれることができます」。釈迦牟尼仏はこう語りました。「この菩薩は、(阿弥陀)仏を念じるゆえに、阿弥陀仏の国に生まれることができる。以下のように、(阿弥陀仏の)身体をつねに念じなさい。三十二相と八十種好をことごとくそなえ、光明を発して(世界を)照らしている。その姿は比類なく美しく、出家僧のなかで説法している」と。

この場合の「念」は、「仏身有三十二相八十種好……」を対象としていますから、「見仏」であることは疑いようがありません。

そして、『般舟三昧経』には、「夢中見仏」が説かれています。

若沙門白衣。所聞西方阿弥陀仏刹。当念彼方仏不得缺戒。一心念若一昼夜。若七日七夜。過七日見阿弥陀仏。於覚不見。於夢中見之。(同)

もしくは出家僧も在家信者も、阿弥陀仏の国が西方にあると聞いたならば、つねにかなたの(阿弥陀)仏を念じなさい。ただし、戒を欠いてはなりません。昼夜を問わず七日七夜、一心に念じれば、七日を過ぎて、阿弥陀仏を見ることができる。もし覚醒しているときに見ることができなければ、夢の中で見ることができる。

夢中見仏の伝統

夢の中で仏の姿を見ることは、『八千頌般若経』や『法華経』などの初期大乗経典にも説かれていますから、特に珍しいとはいえません。しかも、夢を修行に利用することは、仏教ではずっと後世までつづきます。

たとえば、チベット密教には「ミラム（夢）」と呼ばれる修行があります。インドの大密教行者、ナーローパ（一〇一六～一一〇〇）が開発したと伝えられる「ナーローの六法」に含まれ、夢を夢と認識しつつ、現実（覚醒時）の事象も実は夢と同じだと認識する、つまり夢も現実もともに「空《くう》」であると認識するための修行です。この目的を成就するには、夢のなかで瞑想を実践することが求められます。

さらに話が先走って恐縮ですが、悟り体験も夢のなかで成就するとみなされていた形跡があります。チベット仏教史上、最大の天才とされ、チベット仏教の正統派を自認するゲルク派の開祖となったツォンカパ（一三五七～一四一九）は、五十六歳のとき、以下の引用にあるとおり、チベット密教が想定する最高の悟りを成就しています。

お体が衰弱される前の御年五十六歳のときに、極めて激しいお籠り修行に入られた。その折、瞑想に入られたときに一回だけ、鼻先の上空から〔頭頂にある〕中央脈管の上端を通じて〔体内へと〕エとワム〔という文字〕の形〔をした〕光の網のようなものが、一列になって降りて来る夢をご覧になった。そのときから、独特の殊勝なる「溶ける楽」と空性とが合体した楽空〔無別〕の智恵が、四歓喜と四空とを本質として生じ、それ以降、殊勝なる楽空〔無別〕の智恵をずっと護持した。

（ケドゥプジェ・ゲレクペルサンポ著（石濱裕美子・福田洋一訳）『聖ツォンカパ伝』大東出版社、一九八頁）

文中に登場する「楽空〔無別〕」は、八世紀以降のインド仏教で展開された後期密教に独特の用語です。ようするに、大乗仏教が最高真理とみなす「空」の体得を意味しています。したがって、ツォンカパは五十六歳のとき、夢の中で最高真理を体得したということになります。この体験以前にも、ツォンカパは夢の中で、あるいは夢中とも覚醒時ともつかない状況で、繰り返し重要な体験をしていますが、「それ以降、殊勝なる楽空〔無別〕の智恵をずっと護持した」と記されているように、このときの体験が最も重要だったのです。

阿弥陀仏の姿形

「見仏」を考えるとき、是非とも知りたいことがあります。それは、「見仏」の対象としての阿弥陀仏の姿形です。

『般舟三昧経』三巻本には、「三十二相と八十種好をことごとくそなえ、光明を発して（世界を）

照らしている。その姿は比類なく美しく、出家僧のなかで説法している」と説かれていますが、それ以上の具体的な説明はされていません。

支婁迦識訳『大阿弥陀経（阿弥陀三耶三仏薩楼仏檀過度人道経）』には、阿弥陀仏が光明を発し、その光明を生きとし生けるものが見ることによって、敬愛の心をもって歓喜し、善行をなし、苦から解き放たれることも説かれています。『無量寿経』でも、「無量寿仏の威神光明、最尊第一なり。諸仏の光明、能く及ばざる所なり」と説かれています。阿弥陀仏の原点がAmitābha無量光なのですから、当然すぎるほど当然の描写です。

『大阿弥陀経』には、以下の引用のとおり、蓋楼亘ならびに摩訶那鉢と呼ばれる二人の菩薩が最も重要と説かれています。

> 諸菩薩中。有最尊両菩薩。常在仏左右坐侍正論。仏常与是両菩薩共対坐。議八方上下去来現在之事。若欲使是両菩薩。到八方上下無央数諸仏所。……其一菩薩名蓋楼亘。其一菩薩名摩訶那鉢。
>
> （『大正新脩大蔵経』第十二巻、三〇八頁）

蓋楼亘は廬楼亘の誤写であり、廬楼亘《こうろうかん》はAvalo...svarという発音を漢字で音写したと推測されています。正確な原語の形を復元することは不可能ですが、Avalokitasvara、すなわち観音菩薩を指していると考えられています。同じく、摩訶那鉢《まかなはつ》はMahāsthāma-prāptaの音写で、大勢至菩薩を指しています（辛嶋静志「『大阿弥陀経』訳註（五）」『佛教大学総合研究所紀要』第11号、八八頁）。

古代インド仏教圏内で制作された、ほとんど唯一の現存作例とされるフロリダのリングリング美術館所蔵の阿弥陀三尊像の場合、阿弥陀仏坐像は偏袒右肩《へんたんうけん》で、転法輪印をむすび、両脇に二人の菩薩をしたがえて――現状では片方の菩薩像を欠損――、蓮華上に結跏趺坐しています。両脇の二人の菩薩が観音菩薩と大勢至菩薩であることは、確実です。

もっとも、本尊の阿弥陀仏像そのものは「偏袒右肩で、転法輪印」という造形ですから、ごく常識的な仏像であって、特徴はなにもありません。もともと、「如来形」の仏像の場合、あくまでゴータマ・ブッダの姿形を表現することが基本とされ、最後発の密教仏をのぞけば、そこから逸脱することは慎重に避けられてきました。

その結果、銘文や特定の持物がないと、その仏像がどの仏を表現しているのか、判別するのはきわめて難しいのが実情です。たとえば、薬師仏は、薬を入れた薬壺が持物ですが、持物の薬壺が伝来の過程で失われてしまうと、釈迦牟尼仏と見分けられなくなってしまいます。したがって、インドで制作された仏像のなかに、阿弥陀仏として制作された作例が、本書でとりあげた二例のほかに、まだ存在するのかもしれませんが、阿弥陀仏には特定の持物が設定されていないので、新たに銘文付きの作例が発見されないかぎり、存在を実証することははなはだ困難です。

『観無量寿経』の阿弥陀仏

阿弥陀仏の姿形について、具体的な描写が見られるのは畺良耶舎《きょうりょうやしゃ》（三八二〜四四三）訳の『観無量寿経』です。

いま、注目したいのは、阿弥陀仏のより具体的な姿形です。『観無量寿経』に描写されている阿弥陀仏の姿形は、後世の浄土教に大きな影響をあたえました。とりわけ、唐時代の善導が『観無量寿経』に註釈した『観経疏《かんぎょうしょ》』が浄土思想や浄土教美術にあたえた影響はじつに多大です（光森正士『日本の美術241　阿弥陀如来像』至文堂、一九〜二〇頁）。

その事例をあげます。奈良の当麻寺《たいまでら》に伝来する「当麻曼荼羅」をはじめ、極楽浄土の様相を描く「浄土変相図《じょうどへんそうず》」は、おおむね『観無量寿経』と『観経疏』の記述にもとづいて制作されています。さらに、観音菩薩と勢至菩薩の宝冠に見られる化仏《けぶつ》と宝瓶《ほうびょう》は、それぞれの菩薩が誰であるかをしめす標識ですが、このことは『観無量寿経』にしか明示されていません。

身色は、身長は……

『観無量寿経』に説かれている阿弥陀仏の具体的な姿形は、以下のとおりです。

> あなたたちが心に仏を観想するとき、この心がそのまま仏の三十二の大相であり、八十の小相なのだ。この心が仏を作り、此の心がそのまま仏なのだ。

……

無量寿仏の体は百千万億のヤマ天を彩るジャンブー河産の黄金の色のようである。仏の身の高さは六十億・百万のガンジス河の沙の数ほどに無量のヨージャナである。眉間の白い旋毛は右廻りに優雅に回転し、スメール山が五つ並んだようである。仏の眼は四大海の水のようであり、青さと白さとがはっきり分かれて見える。体のすべての毛穴から光が出てスメール山のようである。かの仏の円光は百億の三千大千世界のようである。

円光の中に百万億・百万のガンジス河の沙の数にひとしい化仏があり、一々の化仏にまた無量無数の化菩薩があって侍者となっている。

無量寿仏には八万四千の相があり、一々の相に各々八万四千の小相があり、一々の小相にまた八万四千の光明があり、一々の小の光明はあまねく十方の世界を照らして、仏を念ずる生ける者どもをおさめ取って捨てられることがない。

その光明・相好・化仏はつぶさには説明することができない。ただ観想して心の眼で見るの他はない。

このことを観る者は、十方の一切の仏たちを観ることになる。

仏たちを観るのであるから、〈仏を念ずることによる心の安らぎ〉と名づけるのである。

この観想を行うのを〈すべての仏たちの体の観想〉と名づける。

仏の体を観ることは、また、仏の心を観ることになる。仏の心とは大慈悲心である。無条件の慈しみを以てもろもろの生ける者たちをおさめ取られるのだ。

この観想を行う者は、死後に仏たちの前に生まれて、〈もろもろの事物には自我というものがなく、生ずることもない、と認容し得るような精神状態〉に達するのだ。

（『浄土三部経（下）』岩波書店、二三～二六頁）

このように、阿弥陀仏の身体は、金色に輝き、人間的な尺度ではとうてい計り知れないくらい、巨大と説かれています。ヨージャナ（由旬）は、『倶舎論《くしゃろん》』では七・二キロメートルとされていますが、計算するのがまったく無駄なほど、阿弥陀仏は巨大なのです。

巨大化の理由

では、なぜ、これほど超が付くくらい巨大な阿弥陀仏が想定されたのでしょうか。

巨大な仏像といえば、弥勒像が他を圧倒します。現存する最大の作例は、中国四川省の楽山《らくさん》市にある楽山大仏で、完成したのは唐時代の八〇三年です。倚像《いぞう》（坐像）にもかかわらず、像高は約五九・九八メートルもあり、近代以前に造立された作例としては、世界最大の仏像でもあります。ついでアフガニスタンのバーミヤーン石窟寺院の西方崖に、約五五メートルの弥勒立像がありましたが、二〇〇一年の三月にタリバンの砲撃によって破壊されてしまいました。わたしが調査にたびたび訪れたチベットでも、ラサのデブン寺やシガツェのタシルンポ寺に、巨大な弥勒像が現存しています。

巨大な弥勒像が造立された理由は、経典にそう説かれているからです。『観仏三昧《かんぶつさんまい》経』や『弥勒《みろく》来時《らいじ》経』に弥勒が十六丈の身長で出現すると説かれ、さらに『弥勒大成仏《みろくだいじょうぶつ》経』では三十二丈の身長で、『弥勒下生成仏《みろくげしょうじょうぶつ》経』に至っては千尺の身長で、弥勒が出現すると説かれています。

阿弥陀仏の場合は、さきほど引用したとおり、『観無量寿経』には「仏の身の高さは六十億・百万のガンジス河の沙の数ほどに無量のヨージャナ」と説かれています。しかし、この大きさは、弥勒の身長が十六丈とか千尺と説かれているのとは、次元がまったく異なります。

この件について、中村元氏は「バーミヤーンの峡谷の断崖には、五三メートルと三五メートルの大きな立仏像が刻出され、その周囲には千をこえる窟院が開窟されている。この、奈良の大仏の高さの三倍もあるような巨大な仏像がつくられたということは、仏を巨大化して崇拝し、観想する傾向と何かしら関係があったにちがいない。特に、『観無量寿経』の観想との連関に注視すべきである」（同、二五一頁）と述べています。

藤田宏達氏は中村元氏の説をうけつつ、バーミヤーンよりもクチャ（亀茲）の石窟群における大立仏との関連が大きいと主張しています（『観無量寿経講究』真宗大谷派安居講本、三四～四八頁）。たしかに、クチャのキジル石窟（千仏洞）では、四世紀に開削された第四十七窟の大仏窟（大像窟）に、高さ一〇メートル前後の大立像が安置されていたことがわかっています（眞田廣幸・清水拓生・檜尾恵［他］「クチャの千仏洞を訪ねて」『鳥取環境大学紀要』第11号、八八頁／小山満「バーミヤーン石窟とキジル石窟」『創価大学教育学部論集』第56号、六一頁）。

中村元氏と藤田宏達氏は、範とした石窟寺院の場所が異なるとはいえ、どちらも、実在した巨大な仏像から想を得て、『観無量寿経』において、超が付くくらい巨大な阿弥陀仏が想定されたと考える点では、共通しています。

真仏と化仏

日本浄土教では、阿弥陀仏の大きさはどう想定されていたのか、を考えるとき、参考になる書物があります。法然の『逆修説法《ぎゃくしゅせっぽう》』です。

「逆修」とは、自身の死後における仏事を生前におこなっておくことです。弟子の安楽坊遵西《じゅんさい》の父中原師秀が、来迎引接《らいこういんじょう》形の阿弥陀仏像を造立し、その開眼供養をもよおすにあたり、「逆修法会」をいとなみたいと願い、その法会に法然が請われて説法した、というわけです。なお、安楽坊遵西は、法然教団が後鳥羽上皇から弾圧（建永の法難）されたとき、そのきっかけをつくったとして、斬刑に処された人物です。来迎引接形の阿弥陀仏とは、聖衆と共に極楽浄土より迎えに来て（来迎）、極楽浄土に導き救う（引接）ときの阿弥陀仏の姿を表現する仏像です。

第一日、法然は三尺の来迎形の阿弥陀仏の立像を安置し、講説しています。まずとりあげられるのは「真身」です。

法然は、こう説法しています。「真身とは、ありのままのすがたをした仏身のことである。阿弥陀仏がまだ悟りを得ていない法蔵菩薩と申していたとき、世自在王仏のみ前で、四十八の誓いをたてたのち、長いあいだ施しとか、戒めを守ったり、たえしのび、心をはげまし努めるといった六つの勝れた修行をつんだ結果得られた仏身のことである。その身について『観無量寿経』には身の丈六十万億那由他恒河沙ヨージュナ……」（大橋俊雄訳『法然全集』第二巻「逆修説法　選択本願念仏集」春秋社、四頁）。

つまり、「ありのままのすがたをした仏身」を意味する「真身」は、『観無量寿経』に説かれている阿弥陀仏の姿形を指しています。また、『無量寿経』と『阿弥陀経』をもとに、講説するといっても、阿弥陀仏の具体的な姿形は『観無量寿経』にしか説かれていないので、『観無量寿経』をそのまま引用しています。

つぎに、「化仏」について、説法されます。ここでも、『観無量寿経』から「円光の中に百万億・百万のガンジス河の沙の数にひとしい化仏があり、一々の化仏にまた無量無数の化菩薩があって侍者となっている」や「あるときは空中に満つるような大身を現し、時には一丈六尺とか八尺の小身になって現れる」いう部分が引用されています。

「一丈六尺とか八尺の小身」は、立ったときが「一丈六尺（約四・八メートル）」であり、坐ったときが「八尺（約二・四メートル）」という意味のようです。平安時代における阿弥陀仏像の最高傑作とされる平等院鳳凰堂の坐像をはじめ、阿弥陀仏の坐像に「丈六」像が多いのは、この記述にもとづいているからです。

細かいことをいうと、じつは、平等院鳳凰堂像の像高は二・七七二メートルあります。平安後期に造立された「丈六」像にも、同じように八尺より大きい傾向が見られます。その理由は「法八尺」といって、像底より髪際《はっさい》までの高さを八尺と解釈したためで、結果的に少し大きくなったのです。

そして、「真仏の救いばかりではなく、化仏の救いもあるから、三十六万億の化仏は、それぞれ真仏と力を合わせて、十方におられ念仏する人たちを救って下さる」と述べています。いうまでもありませんが、「真仏」とは「真身」の阿弥陀仏を意味しています。つまり、救いを求める人の数がいくら多くても、みな救われるのは、化仏が三十六万億もいるからだというのです。現代社会にたとえれば、真仏を頂点とし、その下に膨大な数の構成員をかかえる超巨大な組織体といえます。

さらに、法然は、臨終のときに、西方極楽浄土から迎えに来てくれる「来迎引接の化仏」を説法しています。『観無量寿経』によれば、極楽浄土への往生は、上品上生から下品下生までの九段階あり、段階ごとに迎えに来る真仏と化仏の数が異なります。

上品上生では真仏が観音菩薩や勢至菩薩とともに無数の化仏をひきいて迎えに来ますが、上品中生では化仏の数が千人に減り、上品下生では化仏の数が五百人に減りというぐあいに、化仏の数が減っていきます。下品上生ではもはや真仏は迎えに来てくれず、化仏しか迎えに来てくれません。観音菩薩と勢至菩薩も、真の観音菩薩と勢至菩薩ではなく、化観音菩薩と化勢至菩薩が派遣されてきます。最も下の下品下生になると、化仏どころか、化菩薩も来てくれず、命終の人は太陽のように輝く蓮華を見て、その蓮華に乗って、極楽浄土へ往生していくのです（同、五〜七頁）。

化仏を仏像に

崇拝の対象として、阿弥陀仏を造立する理由について、法然はこう述べています。やや長いのですが、とても重要な意味があるので、わたしの現代語訳を、以下に引用します。なお、この部分は、『法然全集』第二巻「逆修説法　選択本願念仏集」では、七〜九頁に相当します。

かつて阿弥陀仏は、世界の各地にいる阿弥陀信仰の行者が崇拝する本尊として、小身の化仏を示現されたことがあった。インドの鶏頭摩寺《けいずまじ》に、五つの神通力をそなえて菩薩（五通菩薩）がいたが、その菩薩が神足通を発揮して極楽を訪ね、阿弥陀仏に、こう申し上げた。「サハー（娑婆）世界の人々が極楽へ往生するために、修行をしようと思っても、その本尊がありません。阿弥陀仏にお願い申し上げます。どうぞ、そのお姿を現してください」。するると、阿弥陀仏は菩薩の願いにこたえて、樹上に五十体の化仏を現された。菩薩はその姿を模写して、世に広めた。これが鶏頭摩寺の五通菩薩の曼陀羅である。また、智光曼陀羅として、世に流布している本尊もある。

……

いま、ここに造立された仏像は、祇園精舎の作風をそのまま伝えるために、三尺の立像を模刻し、臨終のときのために、来迎引接形の阿弥陀仏の彫像を造立したのである。

およそ、仏像を造立するにあたっては、さまざまな種類の像がある。……みな、極楽浄土へ往生するためのすべではあるが、そのなかでも、来迎引接の形像は、最もよくその便宜を得ている。

……

極楽浄土やそこにおられる阿弥陀仏を目の当たりに見られ、じかにその教えを聞けるのは、この世を去るときに阿弥陀仏や菩薩や化仏たちが来迎し、それから極楽浄土へ往生してからのことである。したがって、極楽浄土へ往生したいと心の底から願う人は、来迎引接形の阿弥陀仏のお姿を造立して、来迎引接の誓願を尊崇すべきである。


用語について、少しだけ解説しておくと、鶏頭摩寺（Skurkuṭārāma）は、インドのマガダ国にあったという寺院です。この逸話を、法然は、南宋の石芝宗暁《せきししゅうぎょう》（一一五一～一二一四）が、浄土教文献を集めて編纂した『楽邦文類《らくほうもんるい》』（一二〇〇年に成立）から引用したようです。鶏頭摩寺うんぬんの話は、平安末期から鎌倉初期の日本仏教界では有名だったらしく、密教の儀軌（修法の規定）を覚禅（一一四三～一二一三？）が網羅した『覚禅鈔《かくぜんしょう》』などにも引用されています。

この説法で最も重要なのは、三尺の阿弥陀立像が、阿弥陀仏の「化仏」を模写したものという点です。なにしろ「真仏」は、『観無量寿経』に「仏の身の高さは六十億・百万のガンジス河の沙の数ほどに無量のヨージャナ」と説かれていますから、現実には造立のしようがありません。

ちなみに、阿弥陀仏像として現存する最大の作例は、鎌倉にある高徳院の八丈の金銅像、通称「鎌倉大仏」です。実際の像高は一三・〇五メートルあり、鎌倉幕府の公式歴史書ともいわれる『吾妻鏡《あづまかがみ》』巻三十九によれば、建長四年（一二五二）に鋳始め、完成までに八～十二年もかかったようです。次は兵庫県小野市の浄土寺に祀られている、快慶《かいけい》（?～一二二七以前）作の阿弥陀三尊像の本尊で、像高は五・三メートルあります。来迎印をむすび、『観無量寿経』に説かれる「住立空中の阿弥陀仏」を思わせる本像は、建久八年（一一九七）に完成しています。

三尺阿弥陀

あらためて指摘するまでもありませんが、鎌倉大仏や浄土寺の阿弥陀三尊像のような巨像が造立された目的は、政治権力あるいは宗教的な権威の誇示と無縁ではありえません。たとえば、鎌倉大仏の造立目的についてはいろいろな説がありますが、鎌倉幕府が強く関与し、しかも純粋な阿弥陀信仰ゆえに造立されたのではなかったことは、多くの研究者が認めています（清水眞澄「高徳院国宝銅造阿弥陀如来坐像の沿革」『高徳院　国宝銅造阿弥陀如来坐像　平成27年度保存修理報告書』一六～一八頁）。

ようするに、個人が念持仏として身近に安置し、法然の言葉を借りれば、「来迎引接の誓願を尊崇」するためではありません。それに対し、もっぱら個人が念持仏として身近に安置し、「来迎引接の誓願を尊崇」するために造立された阿弥陀仏の立像が「三尺阿弥陀」です。

像高が三尺、すなわち一メートル内外で、来迎印をむすぶ阿弥陀仏の立像として、現存する最古の作例は、京都市左京区にある天台宗の真正極楽寺《しんしょうごくらくじ》、通称は真如堂に安置されています。造立は正暦五年（九九四）ころと推測されています。ただし、同じ来迎印をむすびながら、左手の印相が通例と異なります。そして、この型の三尺阿弥陀仏の起源については、平安初期に比叡山延暦寺の第三代座主に就任した円仁《えんにん》（七九四〜八六四）が造立した像が最初と考えられています（伊東史朗「久美浜本願寺阿弥陀如来立像について――三尺阿弥陀像への視点」『平安時代彫刻史の研究』名古屋大学出版会、四七頁）。

法然が三尺阿弥陀立像を自身の念持仏としていた事実は、『法然聖人絵伝』第三十七巻に、建暦二年（一二一二）正月十一日の条に、「同日の巳時に、弟子等三尺の彌陀の像をむかへたてまつりて、病床のみぎにたて奉りて、この佛おがみましますやと申に……」と書かれていることから確かです。また、法然の一周忌にあたり、弟子の勢観房源智《せいかんぼうげんち》（一一八三〜一二三八）が、師に対する報恩謝徳のため、三尺の阿弥陀如来像を造立し、その胎内に造立願文と、約四万六千人以上の結縁者の交名《きょうみょう》（名簿）を納めています。

三尺阿弥陀立像といえば、快慶の作例が最も有名です。快慶は、東大寺の復興に絶大な貢献のあった俊乗房重源《しゅんじょうぼうちょうげん》（一一二一〜一二〇六）と深い縁がありました。重源は異名を「南無阿弥陀仏」

と号したように、熱心な阿弥陀信仰の持ち主であり、快慶も感化されて、熱心な阿弥陀信仰者となり。「巧匠アン（梵字）阿弥陀仏」と称しています。

　重源が三尺の阿弥陀立像を、快慶に造立させたこともあきらかになっています。東大寺に所蔵されている、玉眼・金泥《こんでい》・截金《きりかね》の木造阿弥陀如来立像（像高九八・七センチメートル）です。『東大寺諸集』には、建仁二年（一二〇二）に、三尺阿弥陀金泥仏を、俊乗房重源が所有の珍財を投じ、施主は法橋寛顕で、解脱房貞慶《げだつぼうじょうけい》が供養導師となり、作者は「法眼安阿弥陀仏」（快慶）という面々で、造り始めたと記されています（吉水快聞「東大寺俊乗堂　快慶作　阿弥陀如来立像模刻制作について」東京藝術大学大学　http://www.tokyogeidai-hozon.com/news/news2008/0318/yoshimizu1.html#Anchor-47857）。

　この記録から、快慶の三尺阿弥陀立像造立に、重源が決定的な役割を果たした可能性があります。快慶は「彼が生涯をかけて追求した実在感と格調の高さを兼ねそなえた阿弥陀如来立像の姿は、後世「安阿弥様《あんなみよう》」と称され、来迎形阿弥陀の一典型としてながく受け継がれてゆきます。平安時代には、仏師定朝《じょうちょう》が「仏の本様《ほんよう》」と謳われる理想的な仏の姿をつくり出しましたが、快慶はこの定朝にも匹敵する役割を果たしたといえるでしょう」（「特別展　快慶　日本人を魅了した仏のかたち」奈良国立博物館　https://www.narahaku.go.jp/exhibition/2017toku/kaikei/kaikei_index.html）といわれるほど、大きな功績を残しました。

　このようないきさつをへて、『観無量寿経』に説かれる「仏の身の高さは六十億・百万のガンジス河の沙の数ほどに無量のヨージャナ」の阿弥陀仏は、三尺の阿弥陀立像として、日本人の心のなかに定着したのです。

鎌倉彫刻といえば、運慶と快慶が二大巨匠とされますが、あえてこの二人を比較すると、運慶に対する評価のほうが上というのが常識のようです。しかし、現代における美術的な評価はさておき、後世の宗教界にあたえた影響という視点に立つと、快慶のほうが運慶よりもはるかに大きかったのです。

【著者紹介】
正木 晃（まさき あきら）
1953年、神奈川県生まれ。筑波大学大学院博士課程修了。専門は宗教学（日本・チベット密教）。特に修行における心身変容や図像表現を研究。
主著に『「ほとけ」論――仏の変容から読み解く仏教』『「空」論――空から読み解く仏教』『あなたの知らない「仏教」入門』『現代日本語訳 法華経』『現代日本語訳　日蓮の立正安国論』『現代日本語訳 空海の秘蔵宝鑰』『再興！ 日本仏教』『カラーリング・マンダラ』（いずれも春秋社）、『密教』（講談社）、『マンダラを生きる』（角川ソフィア文庫）、訳書に『マンダラ塗り絵』『世界のマンダラ塗り絵100』（春秋社）など、多数の著書がある。

現代日本語訳　浄土三部経

2022年11月20日　第1刷発行

著　　者	正木　晃
発 行 者	神田　明
発 行 所	株式会社 春秋社 〒101-0021　東京都千代田区外神田2-18-6 電話　03-3255-9611（営業） 03-3255-9614（編集） 振替　00180-6-24861 https://www.shunjusha.co.jp/
装 幀 者	伊藤滋章
印刷・製本	萩原印刷株式会社

ISBN978-4-393-11361-5　　定価はカバー等に表示してあります

◆正木　晃の本◆

現代日本語訳　法華経

難しい仏教語をできるだけ避け、誰でもわかるような平易な日本語で全章を訳した労作。その上、注なしでも読めるような工夫が随所に凝らされ、巻末に各章の要点解説も付す。

２８６０円

現代日本語訳　日蓮の立正安国論

『立正安国論』の画期的な訳とその解説。第Ⅰ部は、難解な仏教語を避け初心者にもわかるような極めて明快な訳文。第Ⅱ部は、その時代背景や人物、「安国」の意味などを解説。

２２００円

現代日本語訳　空海の秘蔵宝鑰

弘法大師空海の名著を難解な仏教用語を避け、できるだけ平易に現代語訳。真言密教の真髄である十住心、世俗から密教までの十段階の心の世界とはどのようなものかがこの一冊でわかる。

２０９０円

「空」論　空から読み解く仏教

仏教を代表する空の思想を、ブッダに始まり龍樹を経て中観派へと至るインドの変遷から、チベット、中国、日本における展開まで網羅し、わかりやすく解説した画期的な仏教入門。

２７５０円

「ほとけ」論　仏の変容から読み解く仏教

仏教の根幹ともいえる「仏」の概念の展開を、その前提となるバラモン教から始め、釈迦、部派仏教、大乗仏教、密教、日本仏教までを網羅した「仏」から読み解く仏教史。

３８５０円

▼価格は税込（10％）。